學測必勝秘笈

高中生考場應對全攻略

總主編
陳 光

前言

學測是什麼？不同的人回答起來可能都不一樣，甚至不同的考生對學測的感受也是天壤之別。有的同學可能認為，學測是實現自己夢想的捷徑；有的同學可能認為，學測意味著自己將從此離開學生時代；更多的同學則可能會認為，學測是一場噩夢。

那麼，學測究竟是什麼呢？其實，學測只是我們人生當中所經歷的一場遊戲而已。當然，既然是遊戲，就會有一定的遊戲規則，想要在遊戲中勝出，你不但要有一定的實力，還要嚴格遵守遊戲規則，才能夠對勝利胸有成竹、勝券在握。

至於什麼是實力，相信大家都已經十分清楚，在此就毋須贅言了。而規則，雖然看似沒有實力重要，甚至是無足輕重，但卻往往決定著能否在遊戲中脫穎而出，成為獨木橋上的幸運兒，進而邁向你夢寐以求的大學校門。為什麼這個規則如此重要呢？因為這個規則包含了應考策略、複習規劃、考場技巧等諸多的「軟體」，它雖然比不上你的實力重要，但卻時刻影響著你的實力和水準的發揮。

　　有人認為，學測的成敗取決於考生自身的實力，實則不然，實力固然是你笑傲考場的前提條件，但並不是唯一的條件，也不是決定考試成敗的因素。因為實力這東西有時候真的無法說清楚，比如，有的考生平時的學業成績一直名列前茅，但在關鍵的考場上卻往往一敗塗地，而有的考生平時的表現雖然默默無聞，卻能夠在關鍵的時刻一鳴驚人。這又是為什麼呢？還有一些比較「倒楣」的考生，偏偏在學測臨近的那幾天出現拉肚子或發燒的現象，被那些不大不小的病痛折磨得苦不堪言，無心應考，難道這是天意？還有其他一些諸如策略失誤、填報志願失誤等等，往往會使一些本來很有實力的考生飲恨考場，留下遺憾。

　　因此，我們不得不重新研究這個遊戲的規則問題，而只要掌握了這些規則，就可以做到萬無一失，並達到四兩撥千斤之功效。

　　首先，分析學測的規則。大家都知道，學測選擇人才注重的是總分的成績，這就註定了考試重點是以基礎知識和基本能力為主的，而難題在每一學科中的比例並不大。如果你平時成績非常優秀、基礎知識非常紮實、基本能力非常超群，那麼你在複習階段的主要工作可以專門主攻難題、爭取獲得更高的分數。但如果你是實力平平的考生，想透過攻破難題而獲得更多的分數，實非明智之舉，所以不如查漏補

3

缺，爭取拿下那些基礎知識的分數，這樣的方法實在是既平穩又保險，可謂一舉兩得。因此，查漏補缺的複習方法應該說是大多數考生在整個高三階段的學業主線。

其次，正視自己，相信自己。或許在過去無數次的考試當中，你已經被折磨得苦不堪言，信心全無；或許你曾經屢戰屢勝，所向披靡。但是，面臨學測這個遊戲，你仍然需要多一些自信，少一些自卑；多一些虛心，少一些驕傲。因為在遊戲還沒有結束之前，誰也沒有把握自己能贏，誰也不應該輕言放棄。所以，正確認識自己，相信自己很重要，也只有相信自己，奇蹟才有可能在你身上發生。

再次，制定相對的應考策略。應考策略是幫助你邁向成功的秘密武器，一些諸如自身的實力水準、心理調適、營養供應、應考戰術、考場技巧、填報志願等等，都是你不得不考慮的現實問題，而這些問題可以說是一環扣著一環，不管是哪一環出現了問題，都有可能導致前功盡棄、功敗垂成。

另外，面臨學測，調整好自己的心態很重要。因此，一定要讓自己保持一顆平常心，比如可以這樣設想：即使是金榜題名，自己也遠未達到「一舉成名天下知」的境界；即使是名落孫山，也不至於落到「十年寒窗無人問」的境地。如此，既可

做到無欲則剛，又可讓自己坦然自若，實在是應對學測的最佳狀態。

本書主要站在普通考生的立場上，以考試高手的角度和經驗，試圖透過對學測規則進行全面的分析，以幫助有志於決勝學測考場的考生擺脫各種困惑，輕裝上陣，從容不迫的面對學測這個遊戲，並將自己的實力發揮得淋漓盡致。

衷心希望考生們能夠透過本書找到適合自己的應考策略和戰術，並走向新的輝煌，走向更加燦爛的明天。

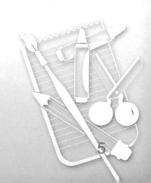

目　錄

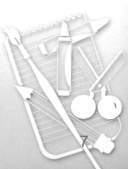

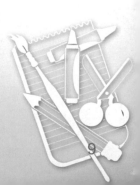

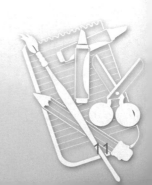

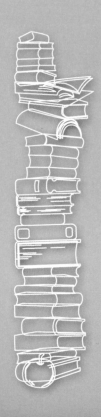

第一章 迅速提升腦力的秘訣

人生好與壞，正如該人用腦一樣。你怎樣用腦，你的人生就會變得怎樣。

—— 凱撒大帝

你的大腦就像一個沉睡的巨人。

—— 英國作家托尼·布贊

I 認識你的大腦

1、記憶女神——揭開大腦的奧秘

人類神奇的大腦在結構上可分為上腦、下腦、左腦、右腦、腦細胞等，其功能如下：

上腦：大腦的表層，掌管智慧活動，如邏輯、語言、音樂、美術，亦可支配生理活動的能力，如罹患癌症的病人生存意志強，就能活得更長，甚至戰勝癌症。

下腦：大腦較原始的部分，掌管生理活動，如食欲、呼吸、血壓、身體平衡，也控制肢體反射動作及情緒反應，如喜、怒、哀、樂等表情。上腦和下腦有密切關係，飢餓、寒冷、炎熱都會使我們不能集中精神讀書。

左腦：控制身體右半部的活動，有語言、邏輯、數字、線條、次序、符號、判斷力等，較具理性。

右腦：控制身體左半部的活動，有音樂、節奏、色彩、

想像、意象、形態等，較具感性。左右腦平衡發展，就是智力高人一等的表現。如下圖所示：

和諧工作的大腦

左半邊	右半邊
語言	韻律
邏輯	節奏
數字	音樂
數學	圖畫
順序	想像
語詞	圖案

（1）腦細胞

　　我們的大腦細胞一般由100億個細胞組成，每一個細胞都有中心點，四周有觸鬚，受到刺激會長出更多樹狀突，網路更密集豐富，會發出化學物傳遞至其他細胞，並且相互來回傳遞。思路越密巧，保存記憶越明晰，所以頭腦越用越靈活就是這個道理。

（2）潛意識

　　是一種被壓抑的願望或不愉快的記憶，足以影響日常活動。一些考生考試成績不理想，就認定自己不是讀書的料，

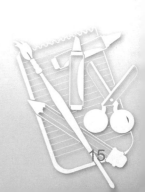

師長的責備，同學的歧視，對讀書和考試就沒信心。所以改變現狀，要靠自己身體力行、樹立自信，才能爆發出藏在內心的潛在力量，一舉成名，走向金榜之路。

（3）記憶系統

當一些資訊由感覺器官接收後，會被轉化為號碼式語言資料，貯藏在腦細胞，當大腦下達指令時，就找出來應用。需要注意的是，感覺器官接收到資訊進入記憶體，若沒有不斷回想、溫習、歸納分類，就可能遺忘而不能長期記憶。

2、訓練你的腦力

你肯定會羨慕那些智力超人的天才吧！你是否也想讓自己學得更快、更好，並在學測中輕鬆取勝？你是否知道，人類大腦有七個不同的智力中心，如果我們好好的開發，那麼所釋放出來的智力肯定是驚天動地的，請同學們跟我一起來，從今天開始，訓練出我們驚人的智力。

人的大腦細胞有140～150億個，可以貯存1000萬億個資訊單位。大腦容納的知識總量，相當於當今世界上最大的圖書館（美國國會圖書館全部藏書）1000萬冊的50倍，即5億冊書的知

識。如果1秒鐘記憶一個資訊，每天讀書8小時，那麼，你的大腦可用1萬年！

根據研究顯示，人類大腦潛力的利用率只不過5％～10％，連大科學家愛因斯坦也用了不過13％，可見其巨大潛力還遠遠沒有被利用。因此，永遠不要埋怨自己腦子不管用，不要歎息：「記性不好，理解力差，腦子不靈光。」腦子裡大部分區域還是未被開墾的處女地，腦子越用越靈活，之所以出現腦疲勞，那是不會科學用腦的結果。

心理學研究顯示，大腦的思維能力、應變能力是可以用訓練方法得到提高，以下的這些方法，相信能夠給你帶來幫助。

（1）深呼吸：當你覺得精力不濟或感到緊張時，做幾次深呼吸，可增加腦部的供氧量。

（2）早上喝一杯咖啡：實驗證明，咖啡喝多了有害，但在需要時喝一小杯有助於腦子靈活。

（3）玩猜謎遊戲：這是訓練腦力的好方法。

（4）常運動：就算是課業最為緊張的時候，也不要忽略了訓練身體，因為身體狀況好的時候，腦子也會比較靈活，

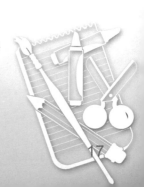

要知道健康是萬物之源。

（5）做簡單的加減乘除算術題：需要注意的是，一定不要利用筆或計算機。

（6）在飲食上要注重少而精：一定要吃好，但吃到八分飽即可，因爲胃裡的食物太多，血液會集中到胃部，會導致腦部因缺血而感到昏昏欲睡。

（7）注意休息：晚上睡得好，白天精神足。如果缺乏睡眠，則易變得焦慮、易怒。

（8）拋開怨恨：不要把得罪你的人放在心中，同時也要原諒自己的過失，不要老掛在心中。要知道斤斤計較的人，不會有什麼太大成就的。

（9）開闢一個屬於自己的空間：可以在臥室、陽臺上，能夠避開別人打擾就可以。你可以在這裡看書、聽音樂或閉目養神。

（10）學會和別人溝通：快樂的人都很重視和他人密切接觸，並善於和別人溝通。

（11）全心的投入：對讀書應該全力以赴，要知道你的頭

腦是越用越靈，如果不用的話，很快就會「生鏽」，這是一個很簡單的道理。

（12）主動追求輕鬆與快樂：不能守株待兔，要主動發現什麼事能讓自己感到輕鬆與快樂，並努力多做這些事。

（13）腦筋不要僵化：複習所有功課都要有計畫，一切都按計畫進行才不會使你感到忙亂。但也不要太死板，偶出奇招也常帶給自己意想不到的快樂。最好隨時準備捕捉意外的機會，嘗試變化，享受新奇。

（14）保持穩定、平和的心境：人的境遇總是有起有落，有些人一步登天，一下又掉進谷底。如果經不起這種生活的磨練，將會付出極大的代價。無論何時都保持穩定、平和的情緒，這樣才能獲得長久的輕鬆與快樂。

（15）討厭的事情儘早做完：有些事你雖然並不喜歡，但必須要做的時候，一定要盡量完成，以縮短使你心煩的時間。

（16）要懂得變通：不要事事都力求完美，有些事情必須妥協、折中，因為這個世上本來就沒有完美的事情。

（17）不要把煩惱悶在心裡：經常把煩惱的心事悶在心

裡會造成內傷，所以必須把它釋放出來，你才能擁有健康的心理。

（18）保持愉悅的心態：愉悅的心態可以使腦細胞處於正常的活躍狀態，容易接收外來資訊，有利於讀書。

（19）每天為自己爭取片刻的安寧：每天上完晚自習後，要抽出一點時間讓自己整理思緒，求得精神上的平衡。

（20）學會說「不」：對於你厭煩的事或者沒時間去做的事，要勇於說「不」，否則會給你帶來更多的煩惱。

（21）學會耐心等待：對那些不能辦到的事應該一笑置之。當然如果事先知道要等待一段時間，可以先準備好怎麼利用這段時間。有的人在等待中讓自己進步，有的人在等待中讓自己變得急躁，就看你怎樣選擇了。

（22）不要過於相信「記憶」：對於重要的知識，一定要做好筆記，以免日後要用的時候找不到而著急。

（23）定期整理臥室和書桌：每過一段時間整理一下自己的臥室和書桌，一定會給自己帶來很好的心情，只要心情好，不管做什麼事都會順心。

（24）避開噪音的干擾：有些噪音是比較讓人心煩的，一定要注意避開，如果實在無法迴避可戴上耳塞。

（25）交樂天派的朋友：常和樂觀的人在一起，也會使你形成樂觀的性情。

（26）生活要有規律：不論處於多重的壓力之下，也要盡量保持正常的生活步調，不要做不必要的變動。

（27）多找休息的機會：在教室的窗前遙望幾分鐘，或者到洗手間慢慢洗把臉，都是一些好的辦法。

（28）廣交朋友：廣交朋友可以分擔你的壓力，或者在情緒上得到安慰。但一定要交益友，否則可能會適得其反！

（29）留出一段屬於自己的時間：每到假日的時候，一定要給自己留出半天的時間，做自己想做的事，讓自己的心情盡量的放鬆。

（30）和自己信任的人聊天：當你覺得自己壓力很大或心情非常煩躁的時候，找一個自己最為信任的人聊天，可以排解你壓力的煩躁，讓你頓感神清氣爽。

在平時上課時，為了保持大腦得到充足的氧氣，應該打

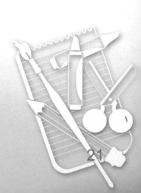

開教室窗戶，下課時一定要到室外呼吸新鮮的空氣。此外，要盡量做到每天1小時左右的戶外活動；每週至少有半天時間在空氣新鮮的露天裡活動；注意不要在不通風或在煙霧瀰漫的屋子裡讀書。

請記住，大腦是保證你通向讀書革命的鑰匙！所以，一定要保護好你的大腦，訓練好你的腦力，千萬不能落伍嘛！

3、提高腦力的秘訣

不管你現在覺得自己多麼的聰明，你仍然可以提高和擴展你的大腦功能。英國《新科學家》雜誌最近將近年來的研究成果進行總結，歸納出提高腦力的幾種方法，抄錄如下，供同學們參考：

（1）早餐要吃好

為了改善大腦功能，首先要吃早餐。一項研究還發現，如果孩子早餐喝可樂，吃含糖量高的速食，他們在記憶力與注意力測試結果的表現與70歲的老人相當。專家建議，早餐最好多吃豆子，豆子中的高蛋白是大腦理想的能量來源。

（2）「莫札特效應」

　　10年前美國心理學家就發現，經常聽莫札特的音樂可以提高人們的數學邏輯和推理能力。近年來的研究進一步證明音樂有助於大腦的開發。其中一項研究將 6 歲的孩子分成兩組，一組上音樂課，另一組上戲劇課。一段時間後，前一組孩子的智商平均提高了 2 ～ 3 點，後一組則沒有什麼變化。

（3）訓練「工作記憶」

　　「工作記憶」指的是大腦的短期資訊儲存系統，工作記憶的儲存能力越大，智商就越高。而工作記憶是可以透過訓練來提高的，例如記住格子中一系列小點的位置等。

（4）掌握記憶方法

　　倫敦帝國學院的研究人員發現，進入「世界記憶錦標賽」前八名的選手並沒有特別高的智商，而是掌握了巧妙的方法。例如為了記住一副撲克牌的排列順序，選手會賦予每張牌一個身分，要不是一件物品，要不就是一個人。在翻這副牌時選手會按照與這些物品或人發生關係的順序編一個故事，記住牌的順序。

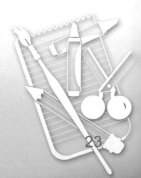

（5）做有氧運動

運動不僅可健身，還能健腦。研究發現，每週步行3次，每次半小時，讓一個人讀書、集中精力和抽象推理的能力可以提高15％。有氧運動對大腦尤其有益，因為它可將更多的氧氣輸送到大腦。

（6）學會集中精力

為了提高大腦的工作效率，不要在容易使你分心的環境裡讀書。一項研究顯示：如果一個人正聚精會神地工作，這時被一件事打擾，例如接了一通電話，他至少需要15分鐘才能重新進入那種精力高度集中的狀態。

（7）利用神經回饋

當我們集中精力時，大腦發出的 α 腦波就會增強。在一項實驗中，研究人員將一個電腦遊戲中汽車的速度與 α 腦波的強度聯繫起來，然後讓參加試驗的人透過意念來使汽車加速，結果許多人成功了。科學家發現，這種方法可以改善記憶能力，提高人們的創造性。

此外，保持充足的睡眠、養成良好的生活習慣，如不抽

煙、不喝酒，適當服用一些可以保持清醒的保健食品都是提高腦力的好辦法。

4、先成為頭腦強人，再做讀書強人

讀書靠頭腦。頭腦若能合理地運動，必能提高讀書效率。

頭腦運動主要包括記憶、思考、理解三個部分。從發展心理學的觀點來看，人類頭腦在孩童時代停留在將看到、聽到、體驗到的事情記錄下來的階段，內部卻呈現一片混沌。隨著年齡的增長，頭腦逐漸展開整理工作，將堆積在腦中的東西各自加以分門別類。此時，人的頭腦作用已從純粹機械式記憶發展到理性邏輯式思考。隨著年齡的繼續增長，各方面逐漸趨於成熟，面對各種事物，便能做出相對的決策，而且越來越成熟，越來越老練。在這個過程中，記憶、思考和理解是相輔相成的。記憶能促進全局的思考和理解，思考有助於加深理解和記憶，理解更能有效地加強記憶，幫助思考。

因此，想要有效記憶並不難。只要具備邏輯判斷能力，明瞭何事該記，何事該丟，正確選擇用腦方法，就能做到有

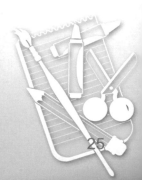

效地記憶，並使頭腦能有效地分類歸檔。

使用同樣的頭腦，為什麼會產生不同的效果？人的頭腦本來差異並不太大，由於使用的方法不同，腦力發揮的程度就很不一樣，差異可到無限大。方法好，就可事半功倍；方法不好，只能事倍功半。

有一點必須注意：方法的利用沒有一定的限制。每做一件事，只要勤於思考，就會有許多方法供人選擇和利用，其數量之多，遠遠超乎想像。所以，遇到新的知識需要記憶時，最好先找出可以幫助自己思考和加深印象的線索。尤其現在這種資訊過剩、新的知識後浪推前浪的時代，若不講求方法，仍以原來的速度按部就班，接受新知識的腳步和品質勢必受到影響。

5、左右腦結合的超級全腦記憶法

我們知道，左腦是管邏輯思維，右腦是管形象思維，那麼，讀書時，左右半球一起工作效率就高。同樣一部小說內容，若看圖畫就比看純文字的小說容易記憶，因為圖文並茂，既運用了左腦的邏輯思維理解內容，又運用了右腦的形象思維理解圖形，因而一起記憶就格外深刻。閱讀沒有圖畫的小說時，只使用左腦的邏輯思維，而右腦閒著，因而記憶效果就不

如同時使用左右半球。

　　左右腦並用能夠儘快地掌握外語。爲了學會英語，一方面必須掌握足夠的辭彙，另一方面，必須能正確地把單字組成句子。如果你只是機械地去記辭彙和句子，你採用的是推理性的或邏輯性的記憶，你就失去了講英語所必須的流暢，進行閱讀時，成了一字字的翻譯了。這種翻譯式的分析閱讀是左腦的功能，結果是越讀越慢，理解也就更難，全靠死記某個英語單字的中文意思來分析。

　　發揮左右腦功能並用的辦法學外語是用外語思維，例如，學英語單詞「bed」時，應該在頭腦中浮現出「床」的形象來，而不是去記「床」這個字。爲什麼我們學習中文容易呢？因爲我們從小讀書就是從實物形象入手，說到「熱水瓶」，大家都會立刻想起熱水瓶的具體形象來，而不是浮現出「熱水瓶」三個字形來，說到動作你就會先浮現出相對的動作來，所以學得容易。學英語時，如果能讓文字變成圖畫，在你眼前浮現出具體形象來——這就讓右腦產生作用了。每個句子給你一個整體的形象，根據這個形象，透過上下文來判別，理解就更透徹了，記得更牢，重要的是用外語思維！

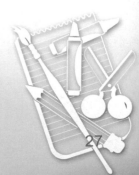

另一個發揮右腦學習功能的學習外語的方法就是用音樂配合記單字。超級讀書法是這樣進行的：

　　播放柔和的古典音樂做背景，有節奏地讀外語單字，讀的聲音和音樂節奏合拍，全身放鬆，隨著音樂節拍呼吸，在大腦深處進行自發的記憶活動。其原理就是左右腦兩半球並用。研究顯示，這樣讀書，每小時可以記住50～100個單字。與普通做法相比，記憶效率可提高5～50倍。

　　想一想，兩千個英語常用單字短短幾天就可以掌握，幾個月就能學好英語，這是多麼令人興奮的事啊！再也不愁記不住了，記憶的潛力就在我們自己的大腦裡，等待著我們去開發與利用。

2 迅速增強記憶力

1、高效的複習記憶法

記憶，是獲取知識的必要手段和重要手段。對同學們而言，讀書的最大障礙莫過於記憶力差。怎樣克服記憶力差的困難，提高記憶和讀書的效果，是每一個學生都盼望解決的問題。的確，同學們成天學習大量沒有親身實踐過的理論知識，沒有一定的記憶力是不行的。記憶力強的學生，能夠迅速地、準確地、持久地掌握學到的知識和技能，也能比較好地理解、運用這些知識和技能。因此，在求知的時候，掌握一定的記憶規律和記憶方法，培養科學的記憶習慣，發展自己的理解力、記憶力是非常必要的。提高記憶力，有規律可循嗎？有科學的方法可借鏡嗎？答案是肯定的。

提高記憶力的方法，中外學者都歸納出了若干種。但哪種方法適合自己，還得靠自己在讀書實踐中摸索和總結。要根據不同的讀書內容和要求，正確採用不同的記憶方法，是保證按時完成讀書任務和讀書品質的前提。下面向同學們介紹一些記憶方法，供大家參考，以期幫助提高記憶力。

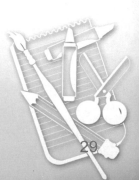

（1）抓重點記憶法

　　要立足於全面、系統地讀書知識，要突出重點，發揮以點帶面，「牽一髮而動全身」的效果。

（2）機械記憶法

　　學習英語單字、外文字母、元素符號等，用這種方法較奏效。機械記憶法，就是採用單純的反覆記憶來達到鞏固和掌握讀書內容的目的。

（3）「體操式」記憶法

　　馬克思有超常的記憶力，但其超常的記憶力也不是天生的，這與他堅持強記的習慣分不開。他從少年時代起，堅持用自己不太熟悉的外語去背誦詩歌，久而久之，他的記憶力越來越強。托爾斯泰稱這種方法是「記憶力的體操」。

（4）理解記憶法

　　俗話說：「如要記得，先要懂得。」在看書或聽課時，理論聯繫實際，把科學概念或定理等透過聯想來幫助理解，這樣就容易鞏固、記住新知識。有人曾做過試驗，一篇百字文，理解之後大概用15～20分鐘就可以把它記住了，如果不是這樣，

則要花費近一小時，甚至更多的時間。

（5）覆蓋關鍵部分記憶法

先用紙蓋住你認為難以記住的內容，暫時不讓自己看見，然後再讀剩下內容，想像被覆蓋部分的內容，實在想不出來，才移開蓋紙，如此反覆幾次，就可以記住了。

（6）歸類記憶法

為了系統地、牢固地掌握科學的知識，可以把繁多的內容按意義不同、性質不同、用途不同、結構不同、形式不同等進行分類。分類以後，內容就顯得簡單明瞭，就減輕了記憶的負擔，縮短了記憶的時間，提高了讀書的效率。

（7）交談記憶法

和同學在一起散步或閒聊時，可以就課業上的疑難問題作為交談的話題，你一言，我一語，或許就能把疑難問題解決了。這種活動，不但能鼓勵大家主動探索問題、解決問題、培養濃厚的讀書興趣，還能提高口頭表達能力，增進同學之間的友誼。透過交談，會使自己尚未紮根的記憶和沒有自信的記憶，變成確定實在的記憶，牢牢地印在腦海裡。

（8）重複記憶法

　　重複是讀書之母，重複是和遺忘作抗爭的最有力的武器之一。心理學家艾賓浩斯的遺忘規律告訴我們，遺忘是先快後慢、先多後少，因此要及時複習。艾賓浩斯還告訴我們，讀書、記憶的程度應達到150%，將會使記憶得到強化，這種「過度讀書」的方法，可以使讀書過的內容歷久不忘。重複不僅有修補、鞏固記憶的作用，還有加深理解的作用。

（9）對比記憶法

　　它的特點是在學習新知識的同時，複習和鞏固舊知識。即學習新知識時，對照聯繫舊知識，找出新、舊知識之間的相同之處和不同之處進行記憶。在反覆對照比較過程中，就加深了對舊知識的記憶、對新知識的理解，而理解之後就容易記憶了。

（10）列表記憶法

　　這種方法使用範圍十分廣泛，就是把有關資料分類集中起來，列入表中適當的位置上。往往是一張表整理出來了，條理也清楚了，內容也記住了。列表的類型比較多，常用的有一覽表、系統表、關係表、比較表等。

（11）概括記憶法

　　為了便於記憶，我們要把所學的東西加以歸納、概括，找出它的重點和主要內容。這種記憶法，還能培養我們的思維能力、全面分析問題的能力。

（12）「五到」記憶法

　　在記憶時，要做到眼、耳、口、手、腦配合使用，比使用單一人體器官效率高許多。其中的「手」，就是要求多動筆，因為「好記性不如爛筆尖」，手腦並用，學思結合，養成「不動筆墨不讀書」的好習慣，這比單純地口讀目記效果要好許多。

　　以上介紹了一些值得借鏡的提高記憶力的方法，當然還可以羅列出許多方法來，但既無全部羅列的必要，又無全部羅列的可能。關鍵還是要靠同學們結合自己的實際情況進行總結，但有一點是必須肯定的，那就是你要有強烈的求知欲望，這才可以摸索和總結出一套或幾套適合自己的科學記憶方法，有效地提高記憶力。

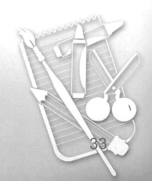

2、提高記憶力的途徑

（1）要樹立自信心

　　生理學研究顯示，如果沒有自信，腦細胞的活動便會受到抑制，使記憶力減退。只有樹立了自信，才能進入「良性循環」，這是記憶力增強的基點。

（2）要有濃厚的興趣

　　「興趣是最好的老師」。同學們對自己感興趣和關心的事情總是記得很牢。著名精神分析學家佛洛伊德曾說過：「對自己造成威脅的事，由於受到無意識的壓抑，很難上升到意識階段來。」因此，只要把知識納入興趣之中，不管多難記憶的東西都可以順利地掌握。由此可見，興趣是記憶的泉源。

（3）明確記憶的目的

　　記憶目的明確時，腦細胞處於高度活動狀態，大腦皮層形成興奮中心而注意力格外集中，接受外來資訊相對主動，大腦皮層留下的痕跡也非常清晰、深刻。大家一定也有這樣的體會，老師提問過的內容比一般讀書內容記得深；考試前的記憶力要比平時強。因此，明確記憶目的和任務是記憶的動力。

（4）要及時複習鞏固

　　艾賓浩斯遺忘曲線索顯示，遺忘並不是隨著時間的推移以同樣的比例忘掉的。在讀書內容剛剛記住的時候，隔20分鐘回憶，遺忘率為42%；經過1小時後再檢查，保持率為44%左右，遺忘率為56%；經過一天後再檢查，保持率為33%，遺忘率為67%；六天後，保持率為25%；一個月後，保持率為21.9%，從此以後基本上就不再遺忘了，可見遺忘是客觀存在的，它的規律是先快後慢、先多後少。根據這一規律，剛剛讀書過的知識應當及時複習鞏固，開始複習時的次數要多，間隔的時間要短，以後再減少複習次數，擴大時間間隔。可以說，把握規律及時鞏固是記憶的有力保障。

（5）要在理解的基礎上加以記憶

　　需要記憶的內容不是孤立存在的，它和各種事物都有聯繫，而只有掌握和理解了記憶物件的本質，才有助於記憶，心理學家薩拉・丁・巴塞得對歷史專業學生做的實驗結果顯示：那些在課堂上把握了歷史事實意義的學生相較於死記硬背、不求甚解的學生，記憶效果要好許多。可見，深刻理解是記憶力提高的催化劑。

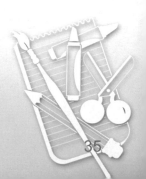

3、瞭解記憶的生理規律

（1）爭取在課堂上取得較深的短期記憶

下課後當天複習；過幾天當記憶開始淡漠時再鞏固一次並加以條理化。「學而時習之，不亦樂乎」，以後每隔一兩個月複習一次。這樣就可以把短期記憶變成中、長期記憶，花最少的時間取得最佳的記憶效果。

（2）複習要記憶的功課最好在早晨或夜裡的安靜環境中進行

實驗證明，晚上7～10點和早晨6～8點是記憶功能最佳時候。同時要專心，不要被其他干擾或打斷。切忌一邊聽隨身聽一邊背書。這是因為大腦工作時只允許一個中樞於興奮狀態，如果同時有幾個興奮點，必定會心不在焉或三心二意，結果大大降低記憶效果。

（3）記東西時要舒心不要緊張

緊張時去甲腎上腺素分泌增加，它是損害精神集中功能和記憶力的大敵。反之，在舒緩的環境中，垂體後葉分泌加壓素，它對增強記憶功能大有好處。

（4）編一些順口溜將知識條理化、提綱化

　　例如要記「唐宋八大家」姓名時，可以先記住「韓、柳、『三蘇』、歐（陽）、王、曾」八個姓，然後便於推想出全部姓名等等。

（5）盡量理解要記憶的內容

　　所謂理解，從生理上說就是把你的知識納入記憶網路中，並且建立深一層的固定聯繫。死記硬背不理解的東西是浪費記憶力，也記不牢。

4、掌握記憶的技巧

（1）興趣與愛好是提高記憶力的前提條件

　　當一個學生對某種學科產生濃厚的興趣與愛好時，他就會積極、主動而且心情愉快地進行讀書，注意力高度集中，把全部精神都傾注在讀書上面，加強了各感覺器官和思維器官的活動，造成大腦的興奮中心，就能將各種知識資訊不斷地傳遞給大腦的神經中樞，進而留下較深的記憶。因此，要提高記憶力，首先應培養濃厚的讀書興趣與愛好。

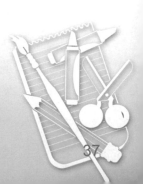

（2）理解與複習是提高記憶力的金鑰匙

心理學家認為，記憶有兩個條件：

一是在頭腦中建立聯繫或聯想，達到理解。理解的東西才能很好地記住，因為理解的實質是建立起各知識點的廣泛聯繫，這樣，在記憶時就可以「順藤摸瓜」，由此及彼，記憶效果當然比單純重複的要好。

二是這種聯繫要加強，加強聯繫靠複習。經常複習就能記得牢。一次記憶的內容，如果完全不複習，頭腦裡幾乎不會留下任何記憶的痕跡。理解與複習結合起來，就會增強記憶力。

（3）適時休息是提高記憶力的潤滑劑

根據巴甫洛夫高級神經活動學說的解釋，人們的聽、說、讀、寫各種讀書活動，都由大腦皮層相對的區域主管，進行這些活動時，在大腦皮層相對的區域就有相對的興奮點。如果興奮點長時間在「某一區域」，就會使該「區域」產生疲勞，注意力分散，反應能力降低，思維遲鈍，記憶減退。及時休息會使大腦皮層原來興奮地勞碌工作得到相對的平靜，消除疲勞。心理學家做過這樣的實驗：在記憶新的事物時，每記憶三十分鐘後休息五分鐘，其效果遠遠超過長時間的連續記憶。這也就

是我們每上四十五分鐘的課後就休息十分鐘的緣故。

（4）科學的記憶方法是提高記憶力的促進劑

　　貝爾納曾經說過：「良好的方法能使我們更好地發揮運用天賦的才能，而拙劣的方法可能阻擋才能的發揮。」掌握了科學的記憶法，能夠幫助自己以最少的時間和最少的精力，以最快的速度達到讀書目的，完成讀書任務。記憶的方法林林總總，因人而異，床頭記憶法、嘗試回憶法、比較記憶法、輪換記憶法等都是行之有效的記憶方法。

5、如何訓練出超人的記憶力

（1）增強專注力的訓練

　　方法1：把打亂的動物名稱的字母按順序排列正確。例如Cat（貓）、Elephant（大象）、Horse（馬）、Deer（鹿）等。

　　方法2：站在窗前向外看。仔細觀察窗外各種景物的形狀和顏色，然後將你看到的情景在腦海裡重新浮現出來。

（2）提高處理資訊速度的訓練

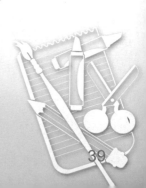

讀書取得成效的前提是迅速處理資訊。一個人處理資訊的能力一般從30歲起開始下降，但透過經常訓練可以使大腦保持活力。

訓練方法：隨便拿一篇英語文章，然後以最快的速度把一個字母找出來，例如把T找出來。這種練習重複得越多，就越能提高處理資訊的速度。

（3）感覺儲存訓練

所有的刺激都是透過我們的感官接受的，感官會把接受的刺激暫時儲存1／4～2秒鐘，然後儲存我們感興趣的東西。如果沒有遺忘的功能，我們的大腦就會被各種對你來說是無足輕重的資訊塞滿，以致我們難以做出理智的決定。所以，我們應該把注意力集中在自己感興趣的刺激感官訓練上。

訓練方法：拿一張明信片看5分鐘。然後把看到的資訊與熟悉的情況或人員聯繫起來，那麼你就能更好地記住這些資訊。

（4）短期記憶訓練

如果我們把注意力集中在新的資訊上，那麼資訊就會存到

短期記憶裡。如果繼續注意，它才能轉變為長期記憶。

　　訓練方法：在高速公路行駛後，把看到的各種路牌記在腦子裡。然後在休息時回憶一下所看到的路牌上的內容和標誌，在哪裡可以加油，在哪裡可以打電話等。

（5）數字記憶訓練

　　使數字有一定的規律：把數字分成兩位元或三位元一組，例如把8352437分成8352、437。

　　運用算術規則記憶：如4312560可記作$4 \times 3 = 12 \times 5 = 60$。4868756可記作$48 \div 6 = 8 \times 7 = 56$。

　　尋找相似的數字：把數字與熟悉的資訊聯繫起來。例如把413815中的41與鞋號聯繫，38與服裝號碼聯繫，15與門牌號碼聯繫。

　　數字圖像：把數字與物體聯繫起來。如0：雞蛋。1：蠟燭。2：天鵝。3：三叉戟。4：四葉草。5：手。6：大象。7：旗幟。8：麻花。9：蛇。再把546記作：用手採摘大象吃的四葉草。

（6）演講記憶訓練

人們可以借助軌跡方法記憶文章、購物單或一篇演說的重點。

訓練方法：仔細觀察房間裡的物體，例如桌子、沙發、壁櫃、落地燈和窗戶等，把這些物體富有想像力地與一篇演說的要點聯繫起來，在每一個物體上「確定」一個提示，然後做報告時，在腦子裡把房間裡的東西想過一遍，再把相對的要點調出來。

（7）思維按摩訓練

這是一種克服思維和讀書障礙的簡單方法。訓練適合各年齡層的人，可使訓練者透過運動和觸摸激發潛能。

方法1：用拇指和食指從上到下輕輕按摩整個耳朵。這會刺激400多個與大腦和身體相關的穴位，增強注意力、聽力和短時記憶力。

方法2：用兩隻手的手指觸摸眼睛周圍的穴位，可促進額頭的血液循環，消除記憶障礙，增強長時間記憶力。

6、怎樣運用科學的方法

記憶還有邏輯記憶和形象記憶的區別。記一個數學公式，

是邏輯記憶，數學家記憶得特別好，可是記一幅圖畫或一段曲子，這是形象記憶，畫家或音樂家就記得特別好。

你讓一個數學家去記一個畫面，他可能感到很困難。你讓一個畫家去記數學家所描述的詳細的邏輯公式，他也很困難，那麼我們就應該向數學家和畫家學習，培養邏輯思維能力和形象思維能力。

記憶力還有理解的記憶力和機械的記憶力之分。你理解了一個物理公式，你透過理解把它記住了。但是一個電話號碼需要機械的記憶，你便需要機械的記憶力。這兩種記憶又需要綜合訓練。觀察乃至記憶，特別是記憶猶新，根本上而言是建立事物之間的聯繫。

你記住一個人，是把這個人的相貌和他的名字聯繫在一起。

你記一個英文單字，是把它的讀音和這個單字的書寫形象以及它的含義聯繫在一起，如CHINA是中國。

你記一顆行星，它多大的直徑，運動的軌跡是什麼，年齡是多少，你是將這顆行星和這些資料聯繫在一起的。

記憶就是加強聯繫。加強聯繫一般有幾種方法：

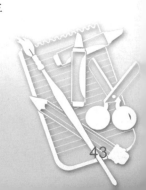

（1）重複法

比如說一個同學叫張楊，一次你沒有記住，說明這次聯繫不夠。再來一次聯繫，哦，這個相貌的同學叫張楊，這是兩次。兩次沒有記住，三次。終於記住了——一個短頭髮，個頭高高的女孩子的形象和這個名字的聯繫就在大腦中建立了，這是一種普通的方法。

（2）深刻法

你如何一次就能記住呢？就是這一次的聯繫必須是特別深刻的。

大腦的記憶好比在泥土上劃印，你劃了一道。劃得非常淺風吹雨打，一會兒就淹沒了。你劃得非常深，這個聯繫可能存留的時間會非常長久，記憶就是要建立這種比較深刻的聯繫。

這位同學叫張楊，你可能看她一眼，噢，記住了。你當時的大腦活動效率非常高，給自己建立的印象非常明確，注意力非常集中，這一道刻痕就留下了記憶。所以，對於自己想記憶的東西，要激發自己的興奮狀態、專心狀態，建立深刻的聯繫。

（3）網路法

　　這是一種更完善，更重要的方法。同學們都知道，有些事物是不容易記住的，就好比有些事物、有些資訊是不太容易捕捉的。這時候，我們必須用一些辦法把這個事情或這個要記憶的現象透過多道聯繫編織在我們的網路中，這樣，我們才能確立記憶猶新的聯繫。

　　就好像有一個人才，非常寶貴，大家都在爭取他，你也很需要他。怎麼辦呢？你可能用各種方法來挖角：你首先為他安排一個最合適的工作，讓他發揮自己的專長，這是一種手段，你安排他的親屬能夠安居樂業，這又是一種手段，你解決他的子女上學問題，這又是一種手段。一條線，兩條線，三條線，四條線，結果就把他網住了。

　　記憶一件事物時建立多種聯繫，就可能記得清楚一些。

　　比如說，有的同學研究行星、恆星等各式各樣的衛星，要建立對它的記憶，那麼我們就可以確立這個星和其他星之間的空間關係，我們可以確立這個星和其他星之間的對比，我們可以觀察這個星和地球之間的距離；我們研究這個星座有什麼故事。總之，透過很多聯繫，使它在自己的記憶中被確定下來。

（4）嵌入法

　　我們的大腦就像一個建築一樣，像一個結構非常龐雜的大殿。我們的宇宙知識也像一個大殿一樣。天下各式各樣的事物也像一個建築一樣。什麼叫記憶？就是把一個你過去沒有記憶的東西放在你已經記憶的知識結構裡。因為你大腦裡已經有一些東西了。新的東西再裝進去以後，你要把它嵌進去，嵌入一個結構之中，嵌入一個建築之中。

　　比如，中國地理的很多知識，如太原在山西，武漢在湖北，上海在華東，北京在華北，這些知識你是知道的。但是有一個城市你不知道，當你記憶它的時候不是要給你一個空間位置嗎？要把它嵌入這樣一個空間結構之中。

　　比如講到石家莊，它在太原的東邊，北京的南邊，在鄭州北邊，當你嵌入這樣一個已有的知識結構之中的時候，你就容易記住它了。

7、高中生最佳記憶術小秘訣

　　（1）形象化：大腦對圖形記憶比文字來得強，對知識給予形象加以圖形再現，自然生動清晰，一目了然。

（2）聯想化：平時多運用聯想力，串聯起看過的讀書資料，並進行歸納、分析、總結。

（3）趣味化：提高讀書興趣，看課外讀物幫助理解教科書的內容，比如看武俠小說，同時學會把握小說的情節、人物、環境三要素及各自特點。

（4）現場化：充分利用讀書環境，一草一木，肢體語言，都可用來加強注意力，勤記筆記，做備忘錄。

（5）分段化：一篇長的課文分段完成，可獲得最高效益，每隔三十分鐘最好休息一下，然後用十分鐘複習。

（6）分類化：簡單的一組，同性質的一組，分科目的一組，按專題排的一組，如此分類的讀書效果會很好。

（7）壓力化：給自己適當壓力，會讓自己緊張，有「非記下不可」的感覺，集中精神注意。

3 巧妙、快速記憶的方法

1、適當改變記憶方式，可加深記憶印象

老吃白煮蛋就會膩。時常換著蒸、煎、炒、滷其他方式，就能長時間保持新鮮感，吃起來才會津津有味。適當改變記憶方式能加深記憶印象的道理也就在這裡。

以背誦課文為例，單調重複的機械式記憶往往令人生厭，記憶效果並不好。不時地改變方法可加深記憶印象，具體做法是：以瀏覽方式看過一遍課文，第二次可仔細地閱讀，第三次參考有關書籍，第四次從後往前讀，第五次則將注意力轉移到課文後面的習題上……使同樣的內容每次都有不同的溫習方式。由於每次賦予的思考模式都不一樣，頭腦就會因為不斷地產生新鮮感而變得特別敏銳，記憶的吸收力也會超乎尋常數倍。

2、將知識生活化，記起來更省力

日常生活中的東西往往最熟悉。回家的路走多了，不用記憶也絕不會搞錯。將知識演化成生活中熟悉的東西，或與生活中的事物聯繫在一起，記憶就會省力、牢固。

讀書的樂趣是能夠知曉更多的事情，學到更多的東西並在實際中應用。學了英文單字，是束之高閣，還是千方百計用在生活中？束之高閣，用不了多久，就會還給老師；設法應用，花不了多少力氣，卻能記得很牢。今天搭車去朋友家吃飯，想想看，英文單字的汽車、公車、轎車、摩托車、吃飯、喝茶、聊天怎麼講？明天去超市買東西，每買一樣，試著用英語說出名稱，不會的回去查英文字典……

只要你肯這樣做，不用花很多時間和精力，新學的辭彙和用語就能永遠銘記在心。同樣，學了其他的知識，數學的、物理的、化學的、生物的……等等，只要將知識生活化，在應用中記憶，你就能記得又快又準確。

（1）複雜難懂的理論知識，改用日常語言就容易記牢

課本和參考書上的知識，由於要求絕對正確，常給人抽象和脫離實際的感覺。這些知識就算能理解，也未必能記得住。我們若用「語言表現法」，將這些抽象的知識轉化成日

49

常用語，就好記多了。比如，物理學上的這條定律：「聲音在真空中無法傳遞，而熱能卻可以傳遞。」我們把它看成是：「情侶在真空中約會，雖然情話無法傳到對方耳朵裡，但彼此之間的熱情卻能傳到對方心裡。」這樣就十分好記了。

事實上，將抽象理論生活化、語言化，正是物理讀書的一大秘訣。因為任何物理原理和定律都來自於大自然的現象中，只要恢復它自然的原貌並使之融入我們的日常用語中，就能夠輕易記住、長久不忘。

3、配合樂曲節奏，可快速記憶

音樂的節奏感很強，也很容易引起心靈的共鳴。透過樂曲的變換，能將歌詞深深地映在腦海中，記憶猶新。童年時代學過的兒歌，長大後居然也忘不了，其魅力就在於此。

細心的同學們可以發現，每一首歌的歌詞，一般都是一首寫得非常美好的詩或詞。有的歌還是用古人寫的詩詞直接譜曲的，成為一首膾炙人口的歌。大家可以隨口唱出，十分方便，歌詞的內容還能久久不忘。

現在我們來背誦一首唐詩。有兩種方法可供選擇：一種是照本宣科，就像平日裡讀課文那樣；另一種是把它變成流行歌

曲唱熟。幾天之後重新測試對這首唐詩的記憶程度，就會發現，照本宣科的，已經記不清了。但譜成歌曲的，卻能記得很清楚。即使一下子忘了，哼哼曲子，也能很快回憶起來，並且一字不差。

好，讓我們把這種方法用到學測複習中去吧！把要記憶的定義、定理、規律、概念等，分別改成平日最喜歡的歌曲，就會將這些內容深深地印在腦海中。就算它們跑到什麼地方玩了（即一時記不起來了），只要哼哼歌曲召喚它們，它們就會呼之即來，為你效力。

4、口到、手到、心到，印象更深刻

俗話說：「聽十遍不如看一遍，看十遍不如親手做一遍。」把聽、說、讀、寫有意識地結合在一起，賦予頭腦內容相同、方式不同的記憶，留下的印象會更清晰、更深刻。

我們學過英語，應該有這樣的共識：記憶單字靠默讀默背是不夠的，還必須大聲地朗讀，念出聲來。這實際上是在心記的過程中，加上了聽覺記憶過程。兩種不同的方式記憶相同的內容，當然要比單純用一種方式印象深刻許多。所以，記憶外文單字時，一定要念出聲來，心到、口到，當然

51

最好還能做到手到，在念的同時，用筆在紙上多寫幾次，訴諸視覺，不僅把字形清楚地印在腦海中，也可以讓拿筆的動作成為幫助記憶的一條線索。舉例來說，很少會有人把「little」寫成「rittre」，這是因為眼睛能夠明辨「L」與「R」的不同。發聲後會發現兩者讀音不同，書寫時寫的感覺也不同，經過「看」、「發聲」、「書寫」三道關卡，記憶就絕不可能再發生錯誤。

5、特殊環境下記憶的東西不易忘記

盡量在特殊環境下記憶不同的事物，使每件事物都具有獨特的「記憶鍵」，能夠幫助記憶許多事情。

人們在遺失某件物品時，總要下意識地回顧最後看到該物品的地方。同樣的道理，人們想找回以往的某項記憶，也應回想記憶這件事的場所。這種能幫助人們順利找回遺失事物的記憶，稱為「記憶鍵」。

為了讓記憶鍵運用得更加順利，就要盡量在不同的環境下記憶不同的事情，使每件事都具有獨特的記憶鍵。下次回憶時，只要找出先前留下的記憶鍵，記憶事項便能隨著悄然而至。

　　比如說，在教室裡看書，發現非熟記不可的重點，就馬上抬起頭來，環顧教室四周或窗外，將眼前看到的東西與重點知識一起記下來。第二天早上，再在教室裡看到同樣的東西，就自然而然地將前一天彙編的東西再複誦一遍，形成一個特殊的記憶鍵。以後萬一要用時，只要回憶同時看到的景物，即可順利的將記住的內容引出。與死記硬背相比，這種方法既省力又有趣。

6、重要事項應放在最初或最後記憶

　　一支隊伍中最引人注目的是排頭或排尾的人。一齣戲裡最引人入勝的也是開頭和結尾。為了避免「前攝抑制」和「後攝抑制」對記憶的影響，最重要的事項應放在最初或最後階段記憶。

　　通常，人們依前後順序將一大堆事項記憶在腦海裡時，後者受前者影響而記憶遭壓抑時，叫做「前攝抑制」；前者受後者影響而記憶遭壓抑時，叫做「後攝抑制」。英文26個字母中，A、B、C和X、Y、Z往往是人們最先記住的字母，中間的其他字母之所以無法記牢，正是同時受到前、後雙向抑制的必然結果。

7、重點記憶，反覆進行

學問、知識浩瀚如海，不可能全部記住。只有將重點部分重點記憶，才能以點帶面，使知識變得更為踏實。

常有人埋怨道：「怎麼辦？我的記憶好差，什麼都記不住。」其實，這並非壞事，因為沒有忘卻，就不可能在腦中騰出空間裝其他必要的東西。這是促使知識不斷更新，變得更為踏實的必經過程。

在國外，人們初次見面，彼此做過自我介紹後，就會不斷在交談中提到對方的姓名。比如：「真高興認識您，瑪莉小姐。」，「您說得很對，瑪莉小姐。」，「瑪莉小姐，您還需要什麼幫助嗎？」等等。對外國人來說，記住對方的姓名是一種禮貌，是生活中不可或缺的一環。所以他們總是借助經常提及對方的姓名，來提醒自己絕不可忘記。

他們的做法基本上是一種選擇重要事項加以熟記的頭腦過濾方法。讀書上，亦可採用這種方法。例如，記憶蘭花品種時，主要應記住用以區分不同品種的花瓣特徵；記憶第二次世界大戰時，應就期間種種重要事件的發生年代、順序、經過、影響等做整體系統化的記憶。

這種記憶方式，可利用零星時間進行。若能每天重複，堅持下去，一定能收到強化記憶的效果。

8、巧妙記憶各門功課的重點

（1）魔力之七法

這種方法是根據「遺忘曲線」得出的最佳的循環式記憶法。它是將要記憶的資料劃分爲若干小段或組，然後進行反覆循環記憶。實驗證明，用它來記英文單字是非常有效的！

例如，要記50個英文單字，可分爲5個一組，按以下步驟進行：

1.記住第一組5個單字，每詞抄記3遍，暫時沒記住也不要擔心，然後將全部5個單字一起複習一遍，做到和每個單字可以見4次面。

2.接著記憶第二組5個單字，同上要求，使每個單字見面次數也是4次。

3.一、二組單字複習一遍，這是第5次見面。

4.開始記憶第三組的5個單字，仍然是4次，接著複習第

55

一、二、三組單字，這樣第一、二組單字見了6次面。

5.繼續記憶第四組5個單字，每個記3遍，再複習一遍，使每個單字見面4次。最後複習第三、四組單字，這樣就與第三組單字也見了6次面。

6.後面幾組的記憶方法同上，到抄完第十組後，再從頭至尾將十組單字都複習1遍，每個單字可見7次面。

記完之後，進行一下自我測驗，將難記的單字挑出來再複習兩遍，一天後重新複習一遍。

此法的真諦在於及時複習，正確分配複習時間，劃分一定的間隔時間來記憶。開始記憶時將1個單字記三遍和連續記幾十遍的效果相差不大，所以記三遍是短期記憶的最佳方法。此外，連續複習七遍對於鞏固住短期記憶並促使其向永久記憶轉化也是可行的。研究證明，人一次能夠記憶的最大數量是7，叫做「魔力之七」，因此分組時每組的知識點數量應限制在7以內。

（2）裙帶關係法

裙帶關係法也叫聯想記憶法。我們平時學到和記下的東西，多半是透過死記硬背獲得的一些互不相關的零星知識。如

果我們能夠利用知識間的「裙帶關係」，把它們聯繫起來，就能很好的記住。例如，背誦一首詩，不是一字一字地背，而是將詞與詞、句與句聯繫起來，找出關係，進而快速記憶；讀英語，把同義詞、近義詞、反義詞放在一起，便於記憶；許多規律、公式、定理等的記憶，往往也需要靠相關聯想作為有利支柱。

比如，要記住一個英語單字，特別是那些難記的單字，最好是透過聯想與自己頭腦中已經根深蒂固的某種事物掛上鉤。我們來看atheism（無神論）這個單字，你也許記了好幾次還是記不住，但你可以這樣進行聯想：以ism結尾的詞通常表示「定義、原理、理論、主義」等意思，有一種理論非常重要，把英語中的兩個冠詞a、the都套到頭上去了，這就是atheism無神論！怎麼樣？大家都記住了吧？這種方法很有效吧？又如，英語單字News（新聞），是由North（北）、East（東）、West（西）、South（南）四個單字的第一個字母組成的，意思是說，消息來自四面八方。這樣記不是很快嗎？還可以同時記住東、西、南、北四個英語單字。

（3）諧音記憶法

這種方法就是借助中文的諧音關係，賦予記憶資料引人

入勝的意義，藉此快速、巧妙記憶的方法。

又如，人的大腦，左半球主管邏輯思維（運算、作文等），右半球主管形象思維（繪畫、操作等），但在記憶時，容易把二者的功能混淆，如果你記住「佐羅」這個人名（一動畫片中的著名騎士），就可以牢牢記住左半球是主管邏輯思維了。

再如，要記長江流經哪些省市（按順序），若死記就相當困難，可記作「青藏穿雲遏，相干挽松鶴」就很容易，表示流經青海、西藏、四川、雲南、湖北（鄂）、湖南（湘）、江西（贛）、安徽（皖）、江蘇（蘇）、上海（滬）。它實際上是諧音記憶和歌訣記憶的綜合運用，對於一些零星的、晦澀的、枯燥的、簡短而又無意義的知識點，如年代、數字、地名等非常有效。

4）規律記憶法

這種方法就是分析記憶資料的規律以快速記憶的方法。具體做法是：

首先，要善於分析。就是說，不要被記憶資料的表面現象所迷惑。如日本富士山的高度是12365英尺，不太好記得長

久，如果變為「1年12個月，共365天」，怎麼樣？好記多了吧？又如，愛因斯坦有一次遇見一位朋友，這位朋友告訴他自己的電話號碼：24361，愛因斯坦一下子就記住了，原來他是記成「兩打與19的平方」，兩打即24，19的平方正好是361。

其次要善於理解。就是說，要弄清記憶資料各部分之間的差異。例如，要記歐姆定律，其公式是$I=V/R$。對其進行機械記憶，效果一定不會太好，如果理解了電流與電壓的關係成正比，與電阻的關係成反比，然後再記憶就容易多了。

第三要善於總結。就是說，要對記憶資料進行歸納與總結，從中找出規律來。如三角函數有54個誘導公式，但這些公式所表達的三角函數的關係卻存在一個共同的規律，抓住這個規律，便可統一為「奇變偶不變，符號看象限」兩句口訣。只要記住這10個字，就可以推導出全部的誘導公式了。

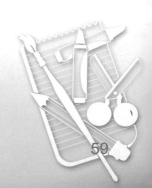

4 抵抗遺忘的方法

1、抵抗遺忘十要訣

記憶的大敵是遺忘。提高記憶力，實質就是盡量避免和克服遺忘。在讀書活動中只要進行有意識的訓練，掌握記憶規律和方法，就能抵抗遺忘。

下面我們將向同學們介紹10種抵抗遺忘、增強記憶的方法，相信會對大家有所幫助。

（1）注意力集中。記憶時只要聚精會神、專心致志，排除雜念和外界干擾，大腦皮層就會留下深刻的記憶痕跡而不容易遺忘。如果精神渙散、一心二用，就會大大降低記憶效率。

（2）興趣濃厚。如果對讀書資料、知識對象索然無味，即使花再多時間，也難以記住。

（3）理解記憶。理解是記憶的基礎。只有理解的東西才能記得牢、記得久。僅靠死記硬背，則不容易記得住。對於重要

的讀書內容，如能做到理解和背誦結合，記憶效果會更好。

（4）過度讀書。即對讀書資料在記住的基礎上，多記幾遍，達到熟記、牢記的程度。

（5）及時複習。遺忘的速度是先快後慢。對剛學過的知識，趁熱打鐵，及時溫習鞏固，是強化記憶痕跡、防止遺忘的有效手段。

（6）經常回憶。讀書時，不斷進行嘗試回憶，可使記憶有錯誤得到糾正，遺漏得到彌補，使讀書內容難點記得更牢。閒暇時經常回憶過去記憶的事物，也能避免遺忘。

（7）視聽結合。可以同時利用語言功能和視覺、聽覺器官的功能，來強化記憶，提高記憶效率。比單一默讀效果好許多。

（8）多種手段。根據情況，靈活運用分類記憶、圖表記憶、縮短記憶及編提綱、作筆記、自製卡片等記憶方法，均能增強記憶力。

（9）最佳時間法。一般來說，上午6～8時，下午3～4時，晚上7～10時，為最佳記憶時間。利用上述時間記憶難記的讀書資料，效果較好。

（10）科學用腦。在保證營養、積極休息、適當運動等保養大腦的基礎上，科學用腦，防止過度疲勞，保持積極、樂觀的心情，能大大提高大腦的工作效率。這是提高記憶力的關鍵。

2、防止頭腦呆滯

讀書的時間一長，就會產生倦怠感，進而使頭腦變得遲鈍、呆滯，影響思維和記憶。心理學家主張，在這個時候，最好看一些童話故事。因為閱讀童話故事可暫停眼前的思考，把注意力引向童年美好的回憶。重溫逝去的稚情，賦予心靈新的情感。經過這段調劑，就可以給頭腦帶來新的刺激，回到課文中去，使思維和記憶得以繼續。同樣，講個笑話，或回想幾件有趣的事情（尤其是幼年的惡作劇），也會產生這種放鬆效果。

同學們在考試或讀書的開始階段，常因不知從何入手而困惑。就方法而言，可能是因為集中精力的方法不對。以下是美國某記憶學校採用的訓練方法，從中我們可以借鏡到一些有效的讀書方法。

（1）先從身邊選擇一物作為精力集中目標。

（2）然後注視該物直到疲倦為止。

（3）閉上雙眼，回想剛才看過的東西，比如是一支鋼筆，就在腦中描繪出它的形狀、顏色、長度及用來在紙上寫字的情形。

（4）當思維離開主體（鋼筆）時，立刻睜開眼睛，停止思考。

（5）中斷三十秒鐘。

（6）重新開始，改變集中目標，然後回到步驟（1）。

據說，原來的精力集中無法超過八秒的人，接受這種訓練後，都能連續集中達3～4分鐘之久。效果之佳，確實令人驚訝！

3、常做記憶體操，有效抵抗遺忘

（1）節奏呼吸法

透過有節奏的呼吸，可以使自己與大自然一起和諧地振動，同時開發出自己的潛在能力。這種體操的基本要領是：

仰坐或仰臥，放鬆；閉眼，用鼻子徐徐吸氣，盡量多吸

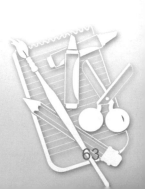

一些，然後屏息，數三下，再慢慢呼出，要呼淨。無論吸氣還是呼氣，都要遵循平穩、連續、舒緩的原則。

完全鬆弛和平靜後，按照下面順序進行：

吸氣數4下，屏氣數4下，呼氣數4下，屏氣數4下，如此重複做4次。然後使呼吸減慢，再增加到6下（呼、屏、呼、屏），並重複做4次。持續每天做這種控制呼吸的練習，大腦和身體就會很快進入協調狀態，大腦接收知識的能力就會明顯提高。

（2）超覺靜思法

端正姿勢，調整呼吸，閉目養神，內視自己，控制感覺，把意識集中於一點，進入綿空的境界，這就是超覺靜思法。這種體操可分三個階段：

1.靜坐

坐姿要求頭正頸直，目視前方；脊樑挺直，腰部稍下沉；兩膝自然分開，腳掌緊貼地面。

2.調息

即調整呼吸。兩眼微合，可以外避干擾，內滌異想，人稱

「半眼秘訣」。腹式呼吸，坐穩閉眼後，深深吸氣，肚子慢慢鼓起，到最大限度後，再慢慢恢復原狀，把廢氣徐徐呼出來。默記次數。第一次徐徐呼氣時，心中默念1，想像大腦中的銀幕上有一個大大的「1」，全神貫注地盯住它，吸氣時，用意念把它擦掉。

3.默誦

即在意念中默默誦讀使精神集中的關鍵字，雙手在身體前正中央處重疊在一起，右手在下，左手在上，右手拇指指甲頂在左手拇指指肚上部。佛教把這種姿勢稱作「天地人一體之相」。右手4指表示地，左手4指象徵天，重疊在一起的2個拇指構成人，「天地人」暗示著宇宙。短語（關鍵字）應當選擇那些代表自己願望的座右銘式的語言，要具體，充滿自信。如：「堅持就是勝利！」，「相信自己，沒錯的！」這種體操可以使人精神穩定、愉悅，頭腦清晰，充滿自信，如考試前做，就能發揮出最佳水準。

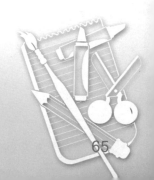

65

5 大腦喜歡吃的營養

　　我們的大腦是高級神經中樞，人體的視、聽、嗅、味、觸等感覺，以及記憶、思維、想像、語言等各種活動，全靠大腦神經來調控。人腦的重量不過1400克左右，卻擁有140億個神經細胞，這些神經細胞既嚴格分工又相互聯繫、密切配合。學測複習期間，高度的腦力消耗必須及時供給和補充營養，才能確保讀書效率、臨場出色發揮和恢復大腦的疲勞。

　　大腦究竟喜歡吃什麼呢？這是考生和家長普遍關心的話題。根據國內外營養專家們的研究，公認的健腦益智營養素有：脂類、蛋白質、糖類、維生素。

四大健腦益智營養素

營養素	含量豐富的食物	對大腦的功效
脂類	大豆製品、深海魚類、蘑菇、核桃、芝麻、葵花、松子仁、花生、植物油及動物腦、骨髓、蛋黃	促進腦神經發育和神經纖維髓鞘的形成，能明顯提高記憶力和判斷力，可使大腦思維靈敏、活躍、聰明。
蛋白質	芝麻、雞肉、黃花菜、木耳、火腿、鱔魚、豬蹄、海參、薏仁、綠豆、豬心、雞心	學生的念書、記憶、語言、思考等智力活動都需要蛋白質的供應，記住，提高智力的訣竅在於攝入豐富的蛋白質！
糖類	麵粉、米、小米、薯類、藕粉、桂圓、紅棗、木耳、荔枝、山藥、枸杞子、百合、紅糖、蜂蜜	供應腦活動所需能量，增強耐力，提高讀書效率。
維生素	青椒、番茄、花椰菜、油菜、柑橘、奇異果、鮮棗、山楂、櫻桃	能促使腦細胞在活動過程中及時補充所需的氧和營養物質，提高腦細胞的活力，增加大腦敏銳性。

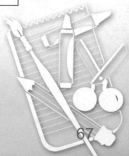

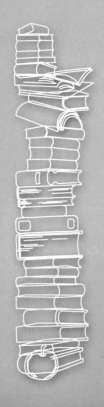

第二章　提高讀書效率的法則

良好的方法能使我們更好地發揮天賦的才
能，而拙劣的方法則可能阻礙才能的發展。

——貝爾納

最有價值的知識是關於方法的知識。

——笛卡兒

I 尋找適合自己個性的讀書方法

1、學海任我遊之個性讀書法

（1）兔型讀書法與龜型讀書法

　　這是從同學們智力和讀書之間的差距比較而言的。智商較高的同學一般都有瀟灑的氣質和性格，難以按計畫讀書。當心血來潮時，就積極的學上一陣子；熱度一減退，就什麼也不學了，這就是兔型讀書法。儘管如此，並不會影響取得良好的成績。只不過你本人的能力並未充分發揮出來。這對個人、對社會都是一個損失。如果你能夠運用科學的讀書方法，就能把聰明才智充分發揮出來，學業成績會更好，未來對社會的貢獻也會更大。相反，龜型學習法計畫性較強。你會制訂作息時間表，按時進行預習和複習，上課認真聽講，讀書基礎牢固，能逐步增強實力。如果你能按科學的讀書方法去讀書，成績一定會進步。學業成績進步以後，智力也隨之提高，自信心也就更強了。

（2）外傾型讀書法與內傾型讀書法

這是從同學們的性格特徵而言所做的劃分。

屬於外傾型性格的同學，讀書時應注意以下幾個方面：

1.應養成深思的讀書習慣。一般來說，你們遇到問題喜歡向別人請教。但由於自信自己領會得比較快，常常會覺得已經懂了，而其實也不見得眞懂。所以，你們理解問題常常很片面，最好能養成好學深思的好習慣，凡事多問幾個爲什麼。

2.發現錯誤要及時改正。你們對分數一般不太在乎，因此也常常不能認眞改正錯誤，常常是同一個錯誤一犯再犯。對於此類錯誤，最好的預防辦法是每次做錯題，都要在專門的記錯本上改正過來。每次考試前都仔細複習一下。

3.改變書房氣氛。例如把窗簾、牆壁的顏色統一改換爲淺藍色，會有利於自己集中精力。避免因爲周圍的氣氛無常和自己的心情變化而分散注意力。

4.以分段讀書法爲主。由於你們的情緒波動比較快，超過一小時的讀書對你們來說，效果不會太好。因此，最好是每門功課的讀書時間不超過二、三十分鐘。其間，最好休息

五至十分鐘。

5.一心不能二用。有一部分外傾型的同學，由於精力比較旺盛，常常同時做兩件事。這樣只會使自己本來就容易分散的精力，更易分散。所以，一定要盡量避免一心二用。

6.要養成看書的習慣。可從比較感興趣的書籍入手。此外，還可培養對競賽類遊戲的興趣。這樣會有利於培養自己集中精力和思考問題的能力。

7.讀書要均衡。即每天保持一定的讀書時間，但每天都不要花很長時間讀書。

內傾型性格的同學在讀書中有著與外傾型不同的特點，屬於這種類型的同學主要應該注意以下幾點：

8.訓練心靈。你們經常為瑣事煩惱。生活中一點點小事也會讓你們煩心，這必然會極度困擾你們的學習。所以，最好經常主動參加競賽活動，訓練心理承受能力。

9.從簡單的內容開始。性格內向的同學一般會有一點自卑的情緒，而自卑會導致焦慮，進而影響學習。因此，最好能從比較容易的讀書內容開始。

10.運動魔力。你們一般都比較容易產生焦慮情緒，有害身心健康，所以，一定要注意訓練身體。另外，透過運動競賽，還可以使自己反覆體驗到勝敗的滋味，逐漸懂得勝敗乃兵家常事的道理。

11.持之以恆。你們經常因為害怕失敗而中途放棄，以致常常延誤了大好時機。所以一定要制定讀書計畫，並堅持到底，讓結果見證自己的實力。

12.克服自卑。你們有些自卑，心裡總是處於「自己一定錯了」的狀態中，對於遇到的挫折很難忘懷。你們可以多閱讀古今人物傳記，激發自己的雄心壯志。要知道，世界上有很多偉人幼年時也曾因深感自卑而苦惱過，但他們在克服自卑的過程中卻練就了無與倫比的卓越個性和才華。只有感到自卑的人才能取得進步。

13.制訂容易成功的目標。有些同學在制訂計畫後屢遭挫折，便認為自己是個失敗者。其實，世界上沒有絕對的勝利者，也沒有絕對的失敗者。你可能成績已經很好了，但你總是覺得不太滿意。其他同學常常會誤會你，認為你虛偽。其實不然，你的失敗感產生於對自己所取得的成績不滿意。所以，對於本來就有自卑感的人，在制訂讀書目標時一定要低

估一些。

其實生活中典型的內傾型和外傾型的人都只佔極少數，絕大多數人的性格屬於雙向型，同學們可以從這些建議中挑選適合自己情況的作為參考。

（3）早型讀書法與晚型讀書法

這是針對讀書的時間而言。

早型讀書是在起床後3～4小時內讀書效率最高。這與多數同學的生活習慣一致。讀書時來自他人的干擾少，上午上課精力集中，收效最大。晚型讀書是夜間精力充沛。晚型者容易在白天打盹而影響聽課效果。從保障身體健康、提高讀書效率以及應付學測來看，以早型讀書為好。

（4）性別差異與讀書方法的選擇

在實際學習中有這樣的情況：女生在小學、國中的成績一般比男生好；高中以後就漸漸比不上男生了。這是男女生性別差異所造成的現象。

男、女同學之間存在著智力成分的差異、興趣差異和性格差異。根據心理現象研究顯示：女生偏向形象思維，語言比較

流暢，善於語言敍述、描寫；而男生大都偏向邏輯思維，思維具有廣泛、靈活和創造性等特點。女生偏愛文科，男生偏愛理科。女生多半對小說、電影、戲劇、故事、音樂、舞蹈等富有興趣；而男生對科學書報、科技活動、國內外見聞、體育活動等更有興趣。男生大都性格開朗，勇敢剛強，果斷機智，不拘泥於細微末節，不計較點滴得失，好動、好問、好奇、好想，容易形成敢想敢為，胸襟寬闊，機敏靈活，慷慨大方，有創造性等良好品格；也有不少男生粗暴、驕橫、任性、倔強、逞強好勝。女生的性格大都文靜溫和，多情善感，細緻耐心，自制力強，易形成讀書踏實，關心集體，樂於助人，待人親切，有禮貌，責任心強等良好品格；也有不少女生優柔寡斷，自暴自棄，拘泥小事，心胸狹窄，性情脆弱。

　　男女同學之間之所以有這些差異，其一是生理原因：男生大腦右半球處理空間資訊能力的專門化要早於女生，而左半球在支配語言能力的發展上，女生又早於男生。高中生處於青春發育期，男女的生理成熟所顯示的差異也會對同學們的性格差異帶來一定影響。其二是環境影響：學校教育、家庭環境及傳統習慣的影響，會使女孩子理解力和邏輯思維發展較慢，讀書精力不足，產生自卑感，與男生相比，在高中

就顯示出了更大的差別。

男、女生性別差異對個性讀書方法的形成有較大影響。中學階段的男同學多數採用了兔型讀書法和外傾型讀書法，而女生多半運用龜型讀書法和內傾型讀書法指導讀書。

當然，上面我們所說的情況也是針對大多數同學而言，並非絕對，我們對此進行分析的目的也非常的簡單，就是希望能夠幫助同學們找到適合自己的讀書方法。

2、測驗你的讀書方法是否適合自己

測驗說明：請同學們仔細閱讀每一道題，肯定回答「是」，否定回答「否」，既不肯定又不否定則打上標記。

1、讀書時是否高聲朗讀教科書。

2、回家後能否立即完成作業。

3、課堂上所需的讀書用品是否每次必備不忘。

4、是否經常遲到。

5、能否對弱科、不感興趣的學科格外努力。

6、遊玩時間是否經常佔據讀書時間。

7、是否一邊看電視，一邊聽收音機，一邊讀書。

8、是否一心盼望著運動會、班會。

9、每次新學年到來，是否都能制定出新的努力目標。

10、能否堅持提前做好上學的準備。

11、回家後能否對當天的讀書內容進行複習。

12、能否仔細閱讀發回的考卷。

13、是否經常被老師提醒注意。

14、是否經常得到老師的表揚。

15、是否制定一週的生活計畫。

16、能否及時預習將要讀書的內容。

17、每天的讀書時間是否一定。

18、遇到不懂之處，是否有查閱字典、參考書的習慣。

19、坐在桌前是否能迅速進入讀書狀態。

20、能否認真區分遊玩時間和讀書時間。

21、能否與同學互相讀書、互相幫助。

22、讀書上是否帶有強烈的競爭意識。

23、在學校規定的課程以外，有無其他感興趣的活動。

24、是否經常在晚上做噩夢。

25、是否談笑風生，使人發笑。

26、是否經常訴說睡眠不足。

27、讀書用品是否充足。

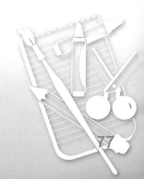

28、課堂上是否踴躍發言，積極提問。

29、老師休假時是否擺出一副無所謂的神態。

30、能否經常和老師一起遊玩。

31、是否說老師的壞話。

32、受到老師的表揚後，是否就更喜歡學校生活，並對這位老師的課也興趣倍增。

33、是否在筆記本上亂寫亂畫。

34、是否愛護教科書、參考書。

35、考試時是否仔細工整地解答問題。

36、在家裡是否說同學的壞話。

37、是否經常去圖書館。

38、是否不願在家讀書，而經常去同學家讀書。

39、能否在規定的地點、時間進行讀書。

40、讀書時同學相邀去玩，是否欣然答應。

41、學校舉辦的活動家長是否積極參加。

42、一經批評，是否就耿耿於懷，愁眉不展。

43、即使是在讀書時，是否還講一些「反正我不行」等自暴自棄的話？

44、暑假、寒假中能否制定出生活計畫並貫徹執行。

45、是否清楚自己的強科，並對其格外努力。

46、是否有過忘記做作業的現象。

47、一次考試成績不良是否總是掛念於心。

48、被老師指責後，是否就厭惡學校生活，並對這位老師的課程失去興趣。

49、起床時間與就寢時間是否毫無規律。

50、是否有一邊拿著點心或飲料，一邊讀書的陋習。

得分計算法：1、2、3、5、8、9、10、11、12、14、15、16、17、18、19、20、21、22、23、25、28、29、30、32、34、35、37、39、41、44以上諸題答「是」得兩分；答「否」扣兩分。其餘問題答「是」扣兩分；答「否」得兩分。不回答時不計分。得70分以上者，可堅持現有讀書法。得70分以下者，請選擇別的讀書方法。

讀書方法等級評價表

評價	得分
需要非常努力	0～30
還需努力	31～45
一般	46～70
良好	71～85
優良	86～100

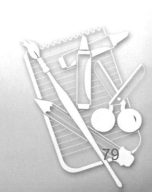

3、從名人成長啓示中尋找適合自己的讀書方法

愛因斯坦曾經整日空想。他在中學時代甚至連許多測驗都沒有及格，然而他卻成了那個時代最偉大的科學家。

邱吉爾的作業做得很差，他說話結結巴巴並且口齒不清，然而他卻成為了那個年代最偉大的領袖和演說家。

愛迪生在學校被他的老師用皮帶狠狠地抽打，因為他提了很多問題以致於老師認為他是糊塗蛋。他所受的懲罰是如此之多，以致於僅僅接受了3個月的正式教育之後，他的母親就把他帶離開學校。可是他卻成了同時代最多產的發明家。

透過以上例子，我們可以看出，愛因斯坦、邱吉爾和愛迪生有著與常規學校讀書類型不相同的讀書方法。而且，他們都找到了最適合自己的讀書方法。很明顯，每個人有不同的才能，所以我們應當從自己的實際情況出發，充分考慮自己的特點、興趣、愛好，用適合自己的方法來讀書。

4、經驗的足跡：學測狀元的學習經

讀書要做到「心到、手到、口到」。所謂「心到」，就是在讀書時一定要用心，並且配合你的大腦，用腦子認真地思考。

在聽課時，我們需要記一下筆記，因為你的大腦不是萬能的，好記性不如爛筆頭，這就是所謂的「手到」。

那麼「口到」是怎麼樣的呢？難道是在聽課時，嘴巴還不停的在講話嗎？我們應該知道，從我們上學以來，沒有哪所學校沒有早自習的。因為很多東西是需要我們用嘴巴去讀書的，特別是讀書語言之類的科目。而下面的一些方法也是值得同學們借鏡的：

(1) 讀書也可叫暫停

俗話說：「他山之石，可以攻錯。」一場球打到關鍵時刻，教練往往叫一聲「暫停」，以穩定隊員的情緒，並調整戰術，常常能打出更好的水準。在考試前的兩個星期時，同學們也可以借用這一方法，在成功的關鍵一刻，也叫一聲「暫停」，體會一下當時的情況，領悟一下更好的讀書方法，這一「停」肯定會比繼續盲目的讀書效果要好許多。

(2) 實事求是，知難而進

對於讀書要抱持「知之為知之，不知為不知」的態度，實事求是，知難而進。要虛心向他人請教，和不同特點的同學交朋友，記住「三人行必有我師焉」，「學而不思則惘，

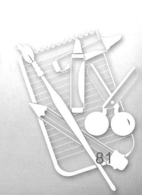

思而不學則殆」，學與思並重，積極思考提出問題，勇於表達自己的觀點。

（3）多和老師、同學進行交流

　　按時上課，注意聽講，利用不同的機會，補充課堂所學內容。根據興趣，積極參加或獨立進行課題研究和社會調查。利用圖書館和各種現代化方法進行讀書。

（4）思想開放

　　耐心聽取不同觀點，一個人往往能從反對意見和奇怪的觀點中，學到更多東西。善於尋找讀書機會，培養創造知識的意識。記住學與不學是自己的事情，同學們應對自己的讀書負責。基礎課與專業課並重，在當前不斷變化的大環境中，注意獲取終生讀書的能力。

（5）合理利用時間，把握時間節奏

　　合理利用時間的最有效方法是制定出一份適合自己的讀書計畫，並按照計畫執行下去，對於計畫中不合理的地方一定要及時的修改過來。一定要記住，漂亮、完美的計畫不如可行的計畫，而可行的計畫關鍵是執行。可以說「戰術」和「執行」是相輔相成、缺一不可的。

2 學海無涯樂作舟──快樂讀書

1、快樂讀書是一種理念

　　二十一世紀是知識的世紀，是變革的世紀，是充滿挑戰和機會的世紀。就個體而言，知識的增長與個人發展已成為密不可分的兩大主題。然而，「讀書是一件苦差事」、「讀書是一件痛苦的事情」等觀念嚴重的影響著大家讀書的積極性和主動性。如何提高讀書的主動性，增強讀書效果？那就是要做一個快樂的讀書者。

　　做一個快樂的讀書者，下面的幾點是你應該要做到的：

（1）轉變固有觀念

　　要改變讀書是痛苦的觀念。讀書必然是一個苦苦追索、反覆研究、不斷經歷失敗的痛苦過程，但也僅僅是過程而已。試想，在經歷了千辛萬苦的探索和追求後達到了目標，學測成功的喜悅將和曾經的失敗和傷痛形成鮮明的對比，這不正是風雨過後那道亮麗的彩虹嗎？更何況在今天看來，風

雨對我們來說又是何其的珍貴。陽光燦爛的日子固然是我們所期待的，但風雨交加的情景又何嘗不是我們所欣賞的呢？

（2）要樹立終身讀書的理念

根據專家分析：農業經濟時代，只要7～14歲接受教育，就足以應對往後40年工作生活之所需；工業經濟時代，求學時間延伸為5～22歲；在資訊技術高度發達的知識經濟時代，每個人都應在一生的工作生活中，隨時接受最新的教育，人人都必須持續不斷的增強讀書能力，方能獲得成功。因此，身為知識經濟時代中的一份子，讀書已不僅僅是學生時代的事情；讀書也不僅僅是為了勝任工作的事情；讀書也不僅僅是學習書本知識的事情。讀書是為了實現人生的價值、活出生命的意義，讀書是自覺的、主動的。同時，讀書應該是全方位的、隨時的、終身的。因此，想要在競爭日趨激烈的社會立足，不被淘汰，終身學習已成為不變的話題。難道你會因此一直痛苦下去嗎？

（3）要秉承讀書就有收穫的信念

永遠抱著讀書的態度，認真做好每件事情，善待身邊的每個同學、朋友，虛心向他們請教，你就一定會有收穫。同樣，

向別人傳授自己的知識、技藝、經驗也是讀書提升的過程。如果大家都能秉承這個信念，就會形成讀書——消化——傳授——再讀書的良性循環。讀書就有收穫，傳授也有收穫，這樣難道你還會不快樂嗎？

2、快樂讀書是一種心態

當我們心情愉悅時，我們的大腦便處於最佳的讀書狀態。我們都會有這樣的體會，生病臥床，看到親朋好友，頓時會覺得病好了一半。心中懊惱、煩躁不安，山珍海味也引不起食欲。讀書也一樣，心情愉快就學得進去，效果很好；當你心情欠佳時，就難以學進去，看書看了半天也不知道看了些什麼，效果極差。

這說明，心情能夠制約讀書效果。換言之，誰能夠有效地控制住自己的心情，始終保持輕鬆、愉快的狀態，誰就能學得事半功倍。

我們常會遇到這樣的情況：原想按照擬定計畫讀書的，卻因許多意外的事情而分心。鄰居家小狗的叫聲，本來並不介意，現在卻感到非常刺耳。桌上那怪模怪樣的泥娃娃以前看起來好可愛，現在卻越看越不順眼。原子筆沒水了，書本

放歪了；就連風也來湊熱鬧，把紙張吹得到處飛；更不用說明天還要迎接令人頭痛的模擬考了……真是越想越氣，越看越煩，注意力越來越難以集中，心情也越變越壞。哎！書是讀不進去了，怎麼辦？有兩個辦法：一是心中介意的事情哪怕再細小、再瑣碎也要盡快處理完，以免引起情緒上更大的波動。另外一個辦法就是放任不管。如鄰居小狗的叫聲、明天那場即將來臨的考試等等，與其去想它們，不如充耳不聞、視若無睹或另外去想一些愉快的事情。

我們要始終保持愉快的心情，不隨便改變我們的情緒。要知道蘋果好不好吃，不能單憑主觀印象，而要耐著性子細細品嘗，嘗出了味道，你就會覺得很好吃。讀書也一樣，比如背英文單字，一開始你可能會覺得枯燥無味，但是堅持下去，當你能在閱讀文章的同時把英文翻譯成中文，或可以用簡單的英語和外國人交談時，你嘗到了讀書的甜頭，就會對它感興趣了。能在讀書中找到或培養出興趣來，將是一件無與倫比的樂事，會讓你在讀書中一直保持愉快的心情。這樣的做法，猶如「先苦後甜」一樣，有助於提高讀書的興趣。逃避不喜歡的功課，專做喜歡的功課，這是人之常情，也是人之通病。但久而久之，將嚴重影響你的課業，要知道學測是各門功課的全面測試。所以我們要有倒吃甘蔗、漸入佳境的勇氣和決心，這可以

有效提升你的讀書興趣。

3、快樂讀書是一種方法

　　快樂讀書不但是一種態度、一種理念，更是一種讀書方法。讀書本來就是快樂的。人天生有一種發展的需求，在認知方面，就是求知欲，而求知欲的滿足是相當快樂的事情。

　　為什麼會出現讀書無趣？

　　為什麼會出現讀書的痛苦和煎熬？

　　為什麼會出現對讀書的恐懼？

　　厭學的根源：缺乏信心；讀書無用論；以及被一些不可避免的失敗消磨了當初的銳氣。

　　而讀書熱情淡漠化的原因主要在於價值取向的偏差。由於教育途徑和教育方法的機械化，同學們的好奇心、熱情也許會被重複的、美其名為「鞏固基礎」的簡單訓練消磨掉了。很多人還視讀書為一種為了將來逼不得已的付出，是受苦，他們一說起讀書就有一種不滿或逃避情緒。沒有體會到讀書的歡樂、沒有在充實自己中感到歡樂，這使得讀書效率大為降低，進而成為一種挫折、失敗，甚至成為心病。

但是很多事實證明，很多當初迫不及待想要離開學校的同學，等到真正走上社會後，才發現自己當初確實想得太簡單了，因為自己所學的那點知識根本就不夠用。

其實，很多時候，大家並不知道什麼東西是真正有用的，這就給讀書帶來了麻煩。其實要判斷是否有用很簡單，那就是將自己的目標分解，看看今天的努力是否在為這個目標創造了條件。

就像一個書法家剛開始練字的時候，他也是從最基本的筆劃開始練習的，沒有人會說那簡單的一筆一畫會有什麼作用，但是真正功成名就的藝術家們都知道，這是他們必須要走的一條路。

是的，簡單的數、理化公式在社會的實際工作中確實沒有什麼用處，但如果你要考大學或者以後想進一步深造的話，這些公式卻絕對有用，而且將決定你的命運和前途！

快樂讀書需要不時地調適壓力。

快樂讀書是有規劃的讀書。

快樂讀書要能夠看到自己的進步，並認為，這就是自己的成功。有成效的讀書往往更容易讓人開心。對自己的不斷鼓勵

能夠累積起信心面對未來的困難和挑戰。點滴的累積並不是
說平時的軌跡不可見，而是要放大這種累積，要自己內心真
正有所觸動、有所感覺。快樂的讀書需要自己不斷地給自己
獎勵。

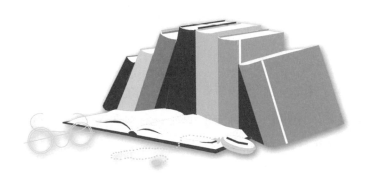

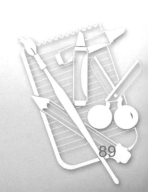

3 善用時間的竅門

世界上最長而又最短，最慢而又最快，最容易被人忽視而又最珍貴的就是時間。

——高爾基

　　對高中學生來說，讀書效率不在於時間的長短，而在於能否充分有效地利用時間。最優秀的學生往往並不是最聰明的學生，而是最會合理利用時間的學生。

1、常見的浪費時間和讀書效率低下的原因

　　胡思亂想：它不同於有目的、有中心地思考問題，而是在想一些沒有意義的問題，或者是漫無邊際的幻想。

　　情不自禁：看到一本精彩的小說而入迷的時候會手不釋卷，不顧讀書。

　　東找西找：由於物品擺放無序，找一個東西要花很多時

間。

閒等閒聊：如等人、等車、等吃飯、過多的閒聊……

睡懶覺：有些同學常睡覺睡過了頭，醒了還賴在床上做「白日夢」。

開夜車：考試的前一天，通宵不睡，挑燈夜讀，第二天進入考場時昏昏沉沉。

2、高效運籌時間的妙方

（1）重點集中法

人們每天都像剪裁布料一樣在運籌時間，有的人善於安排，把黃銅變成了黃金；有的人不善於安排，結果把黃金變成了黃銅。集中運籌時間，就是要善於把一段時間集中使用到主要事情、重點事情上，切忌人為地把整段時間裁剪成零星的片斷。一件重要的事情剛承接，就隨便丟下而去做其他不重要、不緊迫的事，結果零打碎敲，分散了時間，勢必事倍功半。比如，你原本計畫兩小時做完一套模擬題，可是你一會兒削鉛筆、找橡皮擦，一會兒喝飲料，一會兒與同學看相片，如此等等，自然就無法完成任務了。

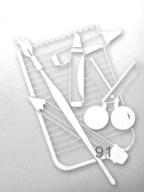

（2）聚沙成塔法

　　無論怎樣科學運籌，零星時間總還是有的。這些零星時間似乎毫無用處，但「集腋成裘」，因此同學們一定要學會積零為整。

　　零星時間，人皆有之。它往往在我們不大經心的地方，容易被忽視。比如，在吃飯排隊時，在開會聽報告未按時進行時，在等公共汽車時，在晚自習停電時……如果你是個分秒必爭的人，這些零星的時間就會被你派上用場，一天十幾分鐘，日積月累，成為一筆可觀的財富。事實上，我們在這些零星時間看看書報，記記外語單字、詩詞或歷史年代，思考一下某個公式，與同學討論討論等，時間與任務是相對應的，效果往往比運用大塊時間更好。

（3）交替運籌法

　　讓我們先來看一個有趣的實驗：

　　科學家在較暗的屋子裡揭開狗的腦殼，為防止感染，在被揭開的部分罩上玻璃罩。透過玻璃罩，發現狗的大腦呈白色。然後，打開燈，狗的大腦的某一部位隨之變紅。又過了一會兒，給狗吃一塊肉，狗的大腦的另一部位變紅了，原來變紅的

地方變白了。

何以變紅？變紅是充血的表現，充血是興奮的象徵，發紅的部位轉移代表興奮中心的轉移。這個實驗顯示，狗的大腦分工細密。而人是萬物的主宰，最聰慧，大腦的分工最細，有的負責形象思維，有的負責邏輯思維，有的負責語言，有的負責書寫……

在長時間裡學習同一內容，大腦容易陷入疲勞。如果適時地改換讀書內容，更換活動方式，使大腦不同部位輪換交替地工作，就可以減輕疲勞感，這既是高效率的讀書，也是高層次的休息。

（4）最大效益法

要真正善用時間，不僅要杜絕時間浪費，更應該主動尋找最佳時段，只有每個時段都發揮出了最大的效益，我們才談得上是利用好了時間這一珍貴資源。每個人都有自己的最佳時段，就是指讀書效率最高、做事效果最好的時段。

尋找這一時段一般有以下幾個步驟：

首先，應明確最佳時段是整塊的時間，而非零散的時間。至少是超出一節課的時間，才稱得上是一個整塊的時

段，才值得我們去尋找。10分鐘、8分鐘的時段，只能稱作零散的時間。

其次，整塊的時段一般或在晚上，或在早上。因此，尋找最佳時段的問題就轉化為弄清自己是「貓頭鷹」型還是「百靈鳥」型的問題。所謂「貓頭鷹」型，是指在晚上讀書效率奇高的人；所謂「百靈鳥」型，是指在早上讀書效率奇好的人。同學們是在校上課，可以自己支配整塊時間，具體地說，一天當中可以在家裡讀書的時間一般是：

1.早上起床後到吃早餐這一段時間。

2.吃完早餐後到進入校門的時間。

3.下課以後到放學的一段時間。

4.放學回到家裡到吃晚餐的一段時間。

5.吃過晚餐以後到睡覺的這一段時間。

大部分同學恐怕會以5.這段時間為「最佳讀書時段」，其實，一定要搞清楚自己是否適合晚上讀書，其次，其他的時間也千萬不要忽視。1.和2.的時間，對於預習一下當天所要學的科目是最好的時機。3.和4.則是用來複習的最好時機。這裡的

一分一秒都是寶貴的，要學會利用它。把電視、上網、傳簡訊、聽收音機和同學或是家人歡聚以及玩遊戲和看小說等等的時間進行調整，合理安排。

其三，在確定了自己是「貓頭鷹」型還是「百靈鳥」型之後，又應再進一步研究，這一最佳時段具體應如何運用，方能取得最大效益，比如說，要探尋自己是在一定時段只學一門功課效果好，還是交替學兩至三門功課效果好等等。

其四，在尋找到最佳時段的最佳利用法後，就應固定下來，這樣有助於形成良性循環。根據巴甫洛夫條件反射原理，如果在固定的時間複習固定的科目，每當打開書本，大腦的有關部位就會不由自主地興奮起來，就好比每到吃飯時，人就會感到飢餓一樣。所以，在固定的時間做固定的事情，有助於取得更好的讀書效果。當然根據情況的變化，可以進行微調。除非有重大改變，否則不要輕易變來變去。

總之，找到你的最佳時段，好好利用你的最佳時段，是迅速提高學業成績的一條鐵的原則。

☆ 狀元總動員

問題一：最佳時段先學哪一科？

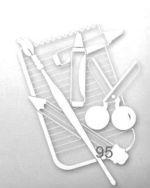

第一種答案是：從你認為最難的那門功課開始。有一個好的讀書方法，就是把你認為最難的一門功課放在最初來學。例如學測前幾個月，老師們留了好幾門功課的複習作業，其中數學是你的弱項，那麼開始一天的複習時，就把數學放在最前面。

另一種答案則相反：從最拿手的學科做起，逐步進入狀態。複習時，從最拿手的學科做起，逐步進入狀態，到了困倦的時候，來點輕柔的音樂或起來運動一下，哪怕看一會兒電視也無大礙。

點評：上述兩種答案，同學們可以根據自己的實際情況和習慣進行，如果你習慣了前一種方法，就不要使用後一種方法；如果你比較喜歡使用後一種方法，就沒有必要去考慮前一種方法。

問題二：盡量延長最佳時段好嗎？

一定不要有「讀書時間越長，成績越好」的觀念。在高中階段，每天上課的時間投入（包括上課時間、課後輔導時間）如下：高一、高二為9小時，高三為12小時。高中生應當樹立時間至上的觀念，學會擠時間，搶時間。

考上台大的張曉瑜同學說，她高二時常常熬夜，結果身體抵抗力明顯下降。於是高三時她不管多忙，每天11點半左右一定睡覺，6點半起床，這樣大致可以保證7小時的睡眠時間。她說如此一來，學業成績反而比熬夜時好多了。反過來，任意延長最佳時段，那也就稱不上是「最佳」了。

問題三：最佳時段定時定科好嗎？

「令人膽戰心驚的高三生活是從那些鋪天蓋地的試卷開始的。如何安排時間完成這些難以數計的試卷成了首要問題，原有的時間安排受到衝擊……所以我下定決心改變原有的讀書方法。」一位學測狀元如是說。

把每一科的複習都安排在每天固定的時間裡，什麼時間做什麼題目，什麼時候看什麼書都安排得井井有條。不管發下多少試卷，我只按自己的時間安排來做，絕不會為了完成某一科的試卷而耽誤了另一科的複習。

根據我們的瞭解，這位同學的做法可以簡單概括為「兩個固定」，就是每天在固定時間做固定的科目。時間到了，哪怕上一科的試卷還沒做完，也先放下。這一複習方法效果如何呢？久而久之，讀書成為一件極其規律的事情，而且這

是自己安排的，任何人也無權影響它。想像一下吧！讀書不再是一種繁忙勞累、雜亂無章的事情，而變得像吃飯睡覺一樣簡單；你不再被壓力壓著讀書，而是靠慣性在保持一種讀書狀態——拿起筆坐在書桌前早已成為生活中不可缺少的一部分，一切都是那麼簡單、自然，再也不用擔心不知道該做什麼，一切都已安排妥當，一切都已成為習慣深入你的血液中……這是一件多麼奇妙的事情啊！這是一種充滿希望和安全感的讀書生活。

值得注意的是，一定要制定一份具體的複習時間表。根據自己的實際情況，列出一天從早到晚的作息和讀書計畫。如果僅僅跟著老師和其他同學跑，面對浩如煙海的複習內容很容易盲目，雖然每天很忙碌，但頭腦裡的知識條理不清晰，複習過的東西還是會很模糊。我們開始複習的時候就可能有這種感覺，複習過的知識很雜亂，而且一到複習時，就將一堆書擺在面前，翻翻這本，忽然又想起另外一科的某個環節有遺漏，於是又拿起另一本，翻來覆去，時間就這樣溜走了。

真的不能再這樣無計畫地讀書，從現在開始，給自己定下規矩，給每科安排好固定的時間。例如早上15分鐘讀英文，課外活動時間寫一篇文章，晚上用一段時間鑽研數學。睡眠、休

息也有詳細安排，讀書和生活都有條不紊地進行。為了不至於一味跟著老師跑，而使讀書只有數量沒有品質，在每天晚上睡覺前，閉著眼睛回憶今天所複習的內容，每個週末再把一週的知識在腦中串聯一遍，這麼做看似是在重複，其實若不這樣做，前面複習後面就會忘，尤其是文科記憶量大，更需下大功夫，第一輪複習費點力氣，在二、三輪提高能力時，就可以騰出大部分精力來對知識進行深入分析。

問題四：每天的最佳時段只學一科行嗎？

有的同學，將每週5天分配給5門功課，如週一課餘時間複習國文，週二課餘時間複習數學，週三課餘時間複習英語……以高分從考入政大的張正偉同學反對這樣做。他說：「一般而言，一天學2科或3科為宜。一天只學一科容易感到疲勞和枯燥。每天學5科則會使每科的讀書時間過於零散，不利於讀書的連貫性和系統性。」

考入台大的張東升同學則進一步說：「高三我採取集中複習法，每天兩科，每週完成兩輪大循環，自我感覺不錯。其要點還在這兩科的安排上，我是選文科的，歷史和政治不能安排在一起，英語和語文不能安排在一起。這4科都有相互干擾性。我當時是這樣安排的：歷史和數學，語文和政

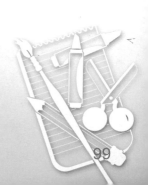

治，英語每天安排固定時段看。」

不過，也有主張一天複習一門功課的。考入政大的傅思齊同學寫道：「在緊張的複習過程中，每天可供我們自己利用的時間並不多，其中最長的一段時間大約是每天晚餐後至睡覺前的3個多小時時間。能否利用好這段時間，是高三複習成敗的關鍵。」他特別提醒大家，不要指望一個晚上把各門功課面面俱到地都複習到。他說：「在高三一年的複習中，我們應該注意合理安排每一天的複習時間。在這方面，我的體會是不要在一個晚上把5科全複習到，這樣做，只會不分主次、自找麻煩。試想，僅僅是不到4小時的短短的一段寶貴時間，怎麼能經得起5科的輪番轟炸呢？因此，我建議大家在一個晚上專攻一科，抓住重點，集中精力，以爭取達到較高的讀書效率。我在高三每天晚上複習時，週一定爲數學日，週二定爲英語日，週三定爲歷史日，週四定爲語文日，週五定爲政治日，每晚集中精力複習一門功課，長期堅持，效果不錯。」

(5) 戰略佈局法

高中三年應如何安排複習時間呢？如果說，上面所說的，都是偏於局部的、短期的運籌方法，亦即所謂戰術方面的方法，那麼，實際的時間管理方面，也有全局性的、長期的方

法，亦即所謂戰略方面的方法。

1.前鬆後緊，重在基礎

以高分考上台大的鄭宏同學認為，高中三年，不論怎麼安排，也必然會形成「前鬆後緊」的局面。她說：「具體來講，如果你是高一、高二生，不用太著急，你絕對可以對自己說：我有權利去玩。但不是說你可以不顧讀書，這兩年是累積階段，除了課本知識外還應該多涉獵課外知識，近幾年學測題目明顯越來越活了。至於考試，單元測驗複習加上期末總複習就夠了，只要你有中等以上水準就絕對有能力衝刺知名大學。最關鍵的是高三，這一年是最難熬的，但還是要給自己留一點休閒的時間，我一直相信只學不玩的人是考不出好成績的，因為他們壓力太大。」

政治大學王微微同學則認為，高中三年，高一打基礎，高二設法使強項更強，弱項跟上，高三則是衝刺了。

清華大學的林國升同學則說：「如果說高中生活是一場馬拉松長跑的話，那麼高一便是興奮的起點，高二算是難熬的中段，高三則是最後的衝刺。」

他又具體敘述：「高一、高二是打基礎的階段，基礎越

紮實，才能衝得越高。因此高一、高二的學習中應當時刻記住『廣博』二字。具體說來應做到以下幾點。

其一：不偏科，文科、理科同等對待。自己喜歡的課要努力學好，並使之成為自己的優勢；不喜歡的課亦應耐心聽講。

其二：多讀課外書，廣泛涉獵各國文化經典，提高自己的文化底蘊。這點相當重要，很多平日堪稱優秀但卻並非頂尖的人到了高三一躍而上，憑藉的就是較深厚的文化素養。至於具體讀哪些書，也就仁者見仁，智者見智了。我這個人喜歡總體瀏覽，把4、5本厚厚的文學史仔細閱讀一遍，記了4本筆記，收穫不小。之後也就知道名著的價值所在，知道該讀什麼。

其三：常去圖書館，多讀各種期刊雜誌，堅持看報紙，關注國家大事。記得我上高中時，每天必去圖書館，有時星期六、星期天也會習慣性轉到那兒（週六、週日不開門）。報紙我每天都看，期刊雜誌則憑興趣，隨手翻閱，碰到感興趣的就抄下來，不知不覺中也有了幾大本摘錄。於是，與人聊天頭頭是道，寫起作文如行雲流水，其實尋根究底是知識面廣了，知識增加了。」

2.整體規劃，擁抱勝利

　　台大的王宣宇同學則告訴學弟、學妹，高中三年應統籌安排，不要前鬆後緊。他說：「許多高中生往往把高中習慣性地分成3個階段：高一適應期，玩著學；高二累積期，邊學邊玩；高三複習衝刺期，多學少玩（相對的）或只學不玩（極少數人）。這種方法無疑有其有道理的一面，但它的消極作用卻是顯而易見的。這無疑是考前突擊、平時鬆懈的變相行為罷了，以這種方法作為指導的話，會使高中生把升學的希望完全寄託在高三，甚至高三下學期，而高一、高二的寶貴時間則只滿足於通過考試而被更多地浪費了。」

　　王宣宇同學說：「其實，整個高中階段應被看成是一項系統工程，需要周密、正確地規劃時間。各個階段的努力程度應該是相同或相似的，準確地說，針對學測的應考期不僅僅是高三，而是整個高中三年，需要你全力以赴的也不僅僅是一個學年，而是3個學年。這一工程之所以被分成不同階段，也只是因為課程的內容和著重點不同，而並非由於用功的程度不同。具體說來，每一個人在考入高中後都應該為自己的高中三年做一個規劃，每一學期應該做什麼，著重什麼，什麼時候掌握全部要求知識進入複習階段等等。尤其當你決定了選擇文科、理科之後，更要抓緊一切時間，統籌規劃，使自己立於不敗之地。就我來說，完整的規劃是從高二

開學選擇文科開始的，具體說是高二著重歷史、國文；高三著重數學、英文，全年反覆複習並進行大量練習，另外從高三寒假開始，查缺補漏及著重背記。由於有了這一規劃，我能夠更有針對性、更有效率地讀書，而且有了目標的監督，也給了自己壓力和動力，促使自己全力以赴，完成規劃的指標。別人衝刺一年，我衝刺兩年，誰勝誰負是顯而易見的。」

清華大學的文萬強同學，則從自己的親身體會得出結論：「那些高中三年功課好的同學，往往考上台大、政大；那些靠高三開始努力的同學，當然也有好的，但總體看，要略遜一籌。」他寫道：「在當時同學們中有一種詼諧的說法：成績一向突出的同學稱為『元老』派，成績突飛猛進的同學稱為『少壯』派。從學測成績來看，『元老』派大佔優勢，這些同學多數考取台大、政大等學校，頗有『薑還是老的辣』的氣勢。『少壯』派在學測中紛紛顯出『底氣不足』的症狀，這類同學大多考取清華、成功等學校。我舉這些事例，是為了說明學生的底子和素質很重要。」

3.把握高三，飛躍學測

台灣大學的閻肅同學告誡學弟、學妹，高三雖然說是一年，實際不能當一年用。高三上學期，亦即寒假前，還可以打

打基礎，過了寒假，三、四兩個月是最寶貴的複習時間。到了5月，就開始報名、模擬考等等，已不能算是可以認眞坐下來讀書的時間了。

　　交通大學的傅思齊同學，則具體談到他在這一年的安排：「在我的計畫中，高三這一年的複習劃分爲3大階段。每個階段有不同的任務、不同的日標和不同的複習方法。

　　第一階段，是整個高三第一學期時間。這個階段時間大約5個月，約佔整個高三複習的一半時間左右。這個階段可以稱爲基礎複習階段。學校裡每一個科目都在逐冊、逐章、逐節地進行複習，我們自己也應該和學校的老師步伐一致，進行各科的細緻複習。我們要充分利用這5個月，把每一科在學測範圍內的每個知識點都逐章逐節、逐篇逐段，甚至逐字逐句地複習到，應做到毫無遺漏。這個階段，複習中切忌急躁、浮躁，要知道『萬丈高樓平地起』，這時候只有循序漸進、查缺補漏、鞏固基礎，才能在學測中取得好成績；進而才能在今後有更多的時間去攻克一些綜合性、高難度的題目。

　　第二階段，從寒假至第一次模擬考前，時間大約4個月。這個階段是複習工作中最寶貴的時期，堪稱複習的『黃

金期』。之所以這樣說，是因爲這個時期複習任務最重，也最應該達到高效率的複習，也可以將這個階段稱爲全面複習階段。我們的任務是把前一個階段中較爲零亂、繁雜的知識系統化、條理化，找到每科中的一條宏觀的線索，提綱挈領，全面複習。這個階段的複習，直接目的就是第一次模擬考。第一次模擬考是學測前最重要的一次測試，是你選報志願的重要依據。一旦成功，可以使自己信心倍增，但不要沾沾自喜；萬一受挫，也不要灰心喪氣、妄自菲薄。應該爲其恰當定位，在戰略上藐視它，在戰術上重視它。

第三階段，從第一次模擬考結束至學測前，時間大約兩個月。這是學測前最後的一段複習時間，也可以稱爲綜合複習階段。隨著學測的日益逼近，有些同學可能心理壓力會越來越重。因此，這個時期應當以卸下包袱爲一個重要任務。要善於調適自己的讀書和生活節奏，放鬆一下繃得緊緊的神經。古人云：『文武之道，一張一弛。』在此時，每天不必複習得太晚，要趕快調整高三一年緊張複習中形成的不當的生理時鐘，以保持充沛的精力。另外，這個時期不必再做過多及過量的習題，更不應執著於難題和偏題，應該做少而精的練習。比如，花些時間研究研究歷年學測的題目，因爲這些題目既是經過千錘百鍊的精華，又是學測命題人意志的直接體現，可謂字字珠

機。在複習中，我們還要注意及時總結考試經驗和考試作答策略。比如，考試中作答應先易後難，選擇題沒把握也不要放棄，選一個最有可能的填上等等。」

清華大學的孫立元同學，則特別強調高三這一年的寒假。他甚至說：「高三的寒假，是直接關係學測成敗的一個重要時段。」以他本人為例，放假前他的英語總是在100分左右的水準，而經過一個寒假的努力，假期後一下子就穩定在120～130分左右，的確進步不少，所以孫立元同學說：「給你一個獨立支配的整塊時間，對於單科突飛猛進是很有好處的。」當然，現在不少學校高三不放假，一直補課補到大年夜，那就無能為力了。

總評：歷屆學測前輩們的方法不一定適合你，但卻可以發揮借鏡作用，所有的方法都不是一成不變的，一定要靈活使用，說不定你就是下一個狀元。

（6）查漏補缺法

如何進行查漏補缺呢？做法是使用複習參考書及課本來幫助自己。先翻開考試說明，按照書本上羅列出的考點，把相關知識在腦子裡先掃過一遍，思路很清晰的就跳過去，思

路模糊的則翻開參考書，看看複習的要點，做一些習題，直到把不懂的弄懂為止。即使在最後的複習調整階段也是需要踏實的態度的。在最後的一兩個月中，大的知識塊和基本概念已沒有什麼大問題，但往往在一些小知識點上還有不少漏洞和缺陷等，如果對這些小失誤不加以彌補的話，知識的堤防往往就在這些地方被攻破。要發現這些小小的不足，就要耐心地蹲下身去，一寸一寸地搜索，找到以後再耐心地分析原因，找出對策。我的體會是，這些小小的不足往往出現在基本歷史事實的記憶、基本文學概念的理解、英文單字和文法等。所以，如果你沒有足夠的耐心，是很不容易發現的。

4 掌握聽課的技巧

　　無論怎麼說，我們都不應低估了聽課在高中讀書過程中的地位和作用。聽課是我們學習知識的主要管道，抓住了這個中心環節，就可以打一場漂亮的重點、難點、難題殲滅戰，反之，漫不經心地聽課，只能引發課後無休無止的讀書疲勞戰。這裡，讓我們對有關的聽課技巧和訣竅向同學們一一揭開，並希望由此開啟你的思路，進而使你的聽課效率如芝麻開花節節高。

1、打有準備之仗

　　即透過預習，打有準備之仗，增強聽課的主動性、針對性。不預習就達不到這一效果。例如，某同學聽課時一直在記錄老師寫在黑板上的字，唯恐跟不上老師的速度，不敢怠慢，一字不差，抄得非常專注。下課後，他才發現自己的腦子仍然一片空白，一節課就這樣白費了。

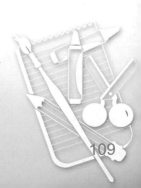

這位同學的做法就是不懂預習、不懂聽課的表現。其實，聽課的實質好比是治療腦血栓。二者的相同點在於，它們都是疏通；二者的區別在於，治血栓是疏通腦血管，聽課則是疏通思路，是在已知與未知之間打開通道。疏通思路這樣的工作當然需要充分的準備。

所以，請同學們一定要記住，聽懂是前提條件，不要因為忙著記筆記而忽視了聽課。

2、採用波動式注意

打開已知與未知之間的通道，當然需要集中精力，但注意的方式不同，收效也相去甚遠。

注意的方式有三種：波動式、直線式、斷續式。我們這裡推薦的是波動式注意，反對直線式注意和斷續式注意。

什麼是波動式注意？有準備的聽課者知道自己什麼地方不會，在此基礎上，懂得聽課的人，對不會之處會高度注意，對會的地方略加放鬆。這種暫時的放鬆是高效聽課的必要過程，是為了迎接新的挑戰而做出的精力上的準備。波動式注意代表著一節課之內的有張有弛。

波動式注意的波峰代表高度注意，代表精神的凝聚，如同凸透鏡聚光，能夠產生凝聚前不可比擬的效應。

與此相比，斷續式注意與直線式注意則暴露出不足。斷續式注意，思路不連貫；直線式注意，平淡無奇，缺乏攻堅能力，是目瞪口呆式的注意。

3、學會跳躍式前進

波動式注意不等於無堅不摧，當遇到高度注意也難以解決的問題時，不同的人採取不同的態度。一種是「卡殼式注意」──抓住一點，不計其餘，裹足不前；另一種是「跳躍式前進」──暫時跳過去，繼續聽課，把問題留在課後解決。我們反對前者，支持後者，因為前者浪費了其餘的聽課時間，後者則高效的利用了其餘的時間。

跳躍式前進，才能超越常規發展。

4、聽知識，也聽思路

有一個理科學測狀元，讀高中時物理成績特別好，以至於物理老師發出特赦，告訴他可以不聽物理課了。然而，他

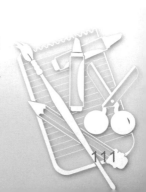

仍然聽得津津有味，大家對此深感不解。這天，老師找他談話，想瞭解他心中的想法。這位學生的回答是：「我在聽知識，也在聽思路。論知識，我確實學得很不錯了，然而，分析問題、解決問題的能力，我卻與老師相差甚遠。聽課就是在追隨老師的思路，發展自己的智力，培養自己的能力。」

好一個新鮮的聽法：聽知識，也聽思路！所謂的狀元者，其高明之處，概莫能外。

5、聽結論，也聽過程

有的同學，看書時「明白」，聽課時「明白」，到了解題時就不明白了。其癥結在於，聽課時只重視結論，而輕視了結論的產生過程。

結論之所以被看得很重，因為它是人類長期探索的結晶，是知識的果實。在知識的寶庫中，每一粒知識的果實都那麼飽滿，因為它們都經歷了長期艱難的孕育。

知識的果實（即結論）無論多麼飽滿，如果不加以消化與吸收，只是簡單地照本宣科到大腦中，這些果實會變得乾癟，難以發芽。

看來，不會解題是由於知識之果在大腦之中變得乾癟，而這又是由於簡單地照本宣科，未經親自培育。總之，只有紮紮實實地追溯結論的產生過程，知識之果在大腦之中才是豐滿的，我們才可以用它來解決實際問題。

「聽知識，也聽思路」與「聽結論，也聽過程」看似相似，實則有別，前者著眼於人的認識過程，即老師的思路；後者則著眼於知識的發展過程，即知識本身的來龍去脈。

6、聽為主，記為輔

聽是開拓性讀書，記是鞏固性讀書，沒有開拓就沒有鞏固。因此，當聽課與記筆記有衝突的時候，要以聽課為主，以記筆記為輔。

至於筆記本身，也要因人而異。我們建議記下四點：加深的，加寬的，矯正的，不會的。其中加深的、加寬的部分分別是老師講解中加以深化、加以擴展的；矯正的是課前自己認知錯誤、課堂上老師加以糾正的；不會的是「跳躍式前進」是繞開的。

7、嘗試回憶

嘗試回憶就是在一節課臨近下課的幾分鐘，嘗試性地把老師上課時講的內容回想一遍。透過回想，考一考自己：老師講了幾個問題？有哪些已經懂了？哪些不懂？哪些不完全懂？

　　嘗試回憶有著課餘看書不可替代的作用，它的優勢在於：

　　1.省時間。所用時間只是課餘讀書時間的幾分之一。

　　2.增強課餘看書和筆記的針對性。

　　3.開發智力。回憶，不是被動地讓書本牽著走，而是生動地誘發自己的思考，這無疑是在開發自己思考問題的能力，也增強了記憶力。

8、聽課技巧小秘訣

（1）符號助記法

　　無論記憶力多麼強的人，都不可能把老師所講的話全部記住，聽課必須記筆記。無論書寫速度多麼快的人，也不可能把老師所講的話全部記錄下來，這就必須借助符號幫助自己記錄，以利長期記憶。如重點語句可打重號、波浪線或加三角號，疑難問題可打問號，只要自己懂得、自己習慣用的各種有利於記憶的符號都可運用。書中或筆記中的符號便於複習時查

閱，而且簡明的符號比文字更容易在腦中留下印象。

（2）要點記取法

　　有些成績優秀的同學聽課，覺得有必要聽的就認真聽；覺得對自己益處不大或自己早已懂了的，就不怎麼用心聽，而做自己的練習。老師講課，傳遞給學生的資訊是多方面的、多層次的，有時候是與教材無關的。身為學生不可能也沒必要全盤接收。只記重點，只記難點，去掉無用資訊是應該的、必要的。抓住要點聽和記，比毫無重點地全部聽和記，效果要好許多。有人曾做過實驗，分三組學生同時收聽同一內容的錄音帶，規定A組全部記錄，B組只聽不記，C組只記講授要點。結果A、B兩組的學生只記住全部內容的37％，C組學生卻記住了58％，可見抓住要點，適當做筆記，效果最好。

（3）主動參與法

　　實驗證明，凡積極舉手發言的學生，學業進步特別快、成績好。課堂積極舉手發言有哪些好處呢？一是有利於提高語言表達能力，二是有利於加深對知識的理解和記憶。課堂聽課，一定要積極參與，主動地學，隨老師的教學思路轉，

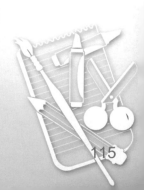

這樣也可以保持注意力高度集中，聽課效果好。

（4）目標聽課法

上新課前預習時，發現不懂的問題記錄下來，上課時帶著這些問題聽課，目標明確，針對性強。預習時弄懂了的，聽一遍等於複習了一遍，加深了印象。預習時不懂的就應特別認真地聽、仔細地聽。如果老師講解了還是沒弄懂，你還可以在下課及時提問，讓老師再講一遍。有一定目標地聽課，往往比漫無目的聽課效果好，能幫助你解決大問題。

（5）質疑聽課法

「質疑」即提出疑問。古人說：「學貴有疑，小疑則小進，大疑則大進。」人們知識的獲得，能力的發展，都是在不斷的質疑中實現的。聽課時，對經過自己思考過，但未聽懂的問題可以及時舉手請教；對老師的講解，同學的回答，有不同看法的，也可以提出疑問。這種方法，也可保持聽課者始終集中注意力。會提出問題的學生往往也是懂讀書的學生。

（6）存疑聽課法

聽課時，對疑難問題，不一定要馬上打斷老師講課，可以

暫時記下來，待下課後再思考或再請教同學、老師。這樣做，一是不影響老師的教學計畫，也不會因個人糾纏某個問題而耽誤大家的時間，還可以促使自己深入鑽研問題，養成獨立思考的好習慣。

以上這些聽課技巧是很多同學經過實戰後總結出來的經驗，現在我們在這裡和大家一起分享，其目的也非常的簡單，就是希望能幫助更多的同學提高聽課效果，以提高自己的學業成績。

5 選擇合適的讀書環境

1、明星高中和非明星高中的讀書環境分析

　　同學們絕大多數是在校生，學校，是我們讀書的主要場所。學校這個讀書環境，有什麼優缺點呢？比如說，一所明星學校的老師、同學、圖書等方面，自然要比非明星學校要強許多。有人開玩笑說，在台大宿舍睡4年的學生，都比一般大學的學生強。考大學，要考明星大學；考高中，也同樣要考明星高中。這是我們優化讀書環境最重要的一條。那麼，是不是說，沒有考上明星高中，讀書環境就惡化了呢？當然並非如此。非明星學校更要善於利用環境。

　　從普通中學考入台大的葛甯同學說，他的讀書訣竅之一就是中午去問老師問題。葛甯同學說，他考高中時，第一志願是建中，第二志願是師大附中。但是他卻考上一所普通高中，不過他不久就發現，那所高中也有優勢，那就是人好。他寫道：我覺得我們學校真的特別好。同學好——雖然功課比不上建

中、師大附中的學生，但待人都特別好；老師好——他們那種敬業精神，我到現在還是記憶猶新。我們的化學老師，不管你有什麼問題，永遠是有問必答。有時回答起學生的問題來，連飯都忘了吃。我們的英語老師，高三了，每節課都還拖到下堂課，恨不得把自己知道的所有東西都教給我們。有時候上課鈴響了，國文老師進來了，她還在講。其實，她也不是為了她自己。 正確地說，直到高一第二學期，我才慢慢地找對了自己的位置。我開始明白，在五班，我排在最好的學生之列；但在全年級，比我強的還有不少。找對了自己的位置，我就有了目標，也知道了自己應該怎麼做。五班的好多同學不是很愛玩嗎？那好，大家玩的時候，我也盡情地玩。因為即使你不玩，你的讀書效率也不高。實在覺得自己陪不起了，不能再玩了，那我也另有辦法：中午別的同學放音樂，我就吃飯；大夥吃完飯都喜歡吵吵鬧鬧，我就跑到老師那裡請教問題。現在想起來，這個習慣真是特別好。以後的兩年多裡，中午時間我大多是在老師的辦公室裡度過的，這習慣讓我受益匪淺。另外，學校裡玩多了，回到家裡我就抓緊時間讀書。盡力把學校裡玩的時間補回來。總之，從第二學期起，我開始適應了環境，感覺自己能在夾縫中生存，精神狀態也就好多了。

一般情況下，非明星高中和明星高中相比，各方面的條件是差一些。但是，這並不是說非明星高中就一無是處。每所學校都有自己的長處、短處和特點，只要善於發現和充分利用所在學校的有利因素，我們同樣能讀好書。我進入普通高中以後深深感到，老師們爲了把我們教好，付出了辛勤的勞動。而且他們爲了使幼苗也能茁壯成長，寧可犧牲更多的休息時間！我的班主任老師對工作非常認眞、負責、熱誠。他每天早上很早到校督察我們早自習，中午休息時間他還在教室裡，甚至節假日他也經常和我們在一起，鼓勵我們要有信心，耐心地回答我們的問題，輔導我們讀書。有一段時間，我做數、理、化習題只顧套公式求答案，不注意理解定理和公式的意義及其適用範圍。結果，概念模糊，錯誤百出。班主任老師發現後及時幫助我改變了這種不良的讀書習慣。後來，我每次做作業，總要先把書看懂弄通，然後再做習題。這樣不僅鞏固了課堂上所學的知識，也加快了解題速度。像這樣的老師我們學校很多。在老師們的辛勤培育下，我刻苦讀書，認眞鑽研，並且一反過去有問題不好意思問的常態，經常虛心向老師請教。而老師每次都能耐心仔細地回答我的問題，直到幫助我弄懂爲止。有一次，我問國文老師：「爲什麼先秦時期的文章中比喻特別多？」老

師說，當時的作者往往從生活中的普通小事談起，說明一個深刻的道理，這樣比較通俗易懂。這是先秦作品的一個重要特點。這種方法在現在的論說文中也常用。我不僅找到了問題的答案，還學到了新的知識。

葛甯同學說，經過三年的努力，他在一所普通學校裡也學得很好。他深深地體會到：能進明星高中，當然是好事；不能進明星高中，同樣也能讀書。關鍵就在於自己主觀上是否努力，能不能在差強人意的環境中揚長避短，創造條件努力讀書。

2、家庭高效讀書法

同學們絕大多數都有自己的家，家是我們讀書的另一個主要場所。出了校門，就進家門。一般來說，家裡讀書的地方容易佈置的偏嚴肅，其實，在學校已經覺得很累了。家裡的環境，還是和學校有點反差才好。一位學測狀元說，自從上了高三，就如同上了弦的時鐘，一圈一圈轉個不停，十分緊張。非常希望家裡有點不一樣，回家來能緩和一下緊張的神經。這位同學採取了以下幾種方式：

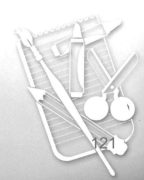

第一，養寵物。我從小喜歡小動物，原來父母怕我讀書分心，也怕養寵物易得傳染病，家裡不准養小動物。如今看到我課業這麼繁重，又打聽到替小動物打預防針後一般不會得傳染病，就養了一隻小貓，一隻兔子，一隻小烏龜，還有十幾條金魚，家裡都快變成動物園了，可是我卻十分喜歡。每天放學後，我就和懶洋洋的小貓說一會兒話，又和一路奔跑來迎接她的兔子玩一會兒，再看看小烏龜，餵餵牠，逗逗小金魚，緊張和煩惱一掃而光，然後再開始讀書，讀書效率很高。

　　第二，栽種植物。家裡原來有點花草，但不多。此時父母為了給我創造一個清新的讀書環境，又補充了吊蘭、石竹、芍藥、菊花等近10個品種，一進家門，滿目花草，清香素雅，十分宜人。

　　第三，設立「輕鬆角落」。家裡飯廳與廚房之間，有一個空間，原來堆放些雜物，如今我把它清乾淨，放上一把搖搖椅，一張小桌子，又放上幾套漫畫書，如《機器貓》、《蠟筆小新》、《櫻桃小丸子》等，再放上一台收錄音機和幾卷愛聽的錄音帶，還有一些零食，讀累了，就到這個「輕鬆角落」來，聽著自己愛聽的音樂，翻翻漫畫書，吃點零食，一會兒就又精神百倍了。

3、適合自己的環境最好

其他環境的好壞，當然是有一定的客觀標準的。可是人的主觀條件，也的確對環境有影響。比如說，外向的學生，可能喜歡熱鬧的環境，太安靜了反而讀不下去。反之，內向的學生，可能喜歡安靜的環境，太熱鬧了會讀不下去。可見同樣的環境，並不一定適合所有的人。在優化讀書環境這個問題上，也要考慮自己的性格和個性。

一位名叫姚吉娜的家長，女兒考上了政大，兒子考上了師大。她說，她的這一雙兒女，性格很不一樣，複習時的方式也很不一樣。她寫道：

女兒外向，成天和同學打打鬧鬧的，學測前和幾個志同道合的同學一起合租了學校附近的一間房子，在大房間放了一張學校圖書館淘汰的大桌子，幾把椅子，佈置成「閱讀室」，小房間擺上兩張從學校借來的上下床，成了臥室，走廊擺了一張飯桌，一台20吋電視，一盆鮮花，成了休息室。我們幾個家長又安排好，一家值一天班，過去給孩子們做做飯，打掃一下環境，女兒在這個「考學公寓」，過得十分開心，有什麼煩惱，和同學一聊一鬧，也就好多了，有什麼不會的，互相問問，也就解決了，她自己覺得，這樣比在家裡

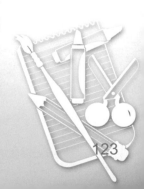

複習效率高多了。

　　兒子內向，每天放學回到家就把門一關，自己複習。只有吃飯或上廁所才出來一下，跟「單人囚室」差不多。我們也曾問過他，要不要和姐姐一樣，和同學一起複習？話還沒說完，兒子就直搖頭，說那樣的話他會讀不下去的。

　　點評：讀書的環境無所謂好和無所謂壞，只要適合自己，在那樣的環境裡自己能夠學得進去就行了，千萬不要刻意模仿別人所佈置的環境。

6 制定適合自己的複習計畫

1、制定計畫前應思考的事項

　　制定計畫有好幾種方式：有長遠計畫和短期計畫；有單科計畫和綜合提升計畫……所以制定計畫要有一定的方法，要依照自己的具體情況而定，不能盲目。計畫訂得太高，一時實現不了，勢必會影響自己的信心；計畫訂得太低，過於容易達到，自己就不能得到充分的、有效的提升，而且可能會助長自滿和狂妄的情緒；計畫訂得太死，缺乏靈活性，一切都有制約，甚至具體規劃到「幾點幾分做這個，多少分鐘後再做那個」，不能隨機應變，可能會使自己很快感到厭煩，難以繼續堅持下去；計畫訂得太鬆，又根本發揮不了計畫的作用。所以訂好一個計畫，要先思考，要參考曾經訂過計畫的利弊，要認清自己當前的位置，找對一個合適的目標；要有一定的嚴格性，以保證計畫的正常進行，但同時要有一定的靈活性，對於新出現的情況能及時解決、調整；執行計畫時，要有一定的毅力和耐心，不要一遇挫折就輕易放

棄。

2、制定計畫就是制定目標

　　一位考上政治大學的同學說：我曾經也制定一些詳盡的書面計畫。但後來，我改變了我的初衷，傾向於只設定一個目標，但不具體訂出行動計畫。所謂設定目標，就是規定自己在某一個時段內所要完成的讀書任務，達到某一個進度。但是，我從不訂出具體到「幾點幾分做些什麼」這樣的計畫，我只訂一個基本的架構。例如：在某一星期我要將「三角函數」的基本概念和原理再理解一下，這就是我的目標；為了達到目標，首先，我會將教材重新看一遍，將一些基本的性質記住；而後，我會翻出過去曾做過的一些題目，再溫習一下；這些完成了，可能覺得某些地方還需要補強，有必要在原來的基礎上再提升，加深一些，我會有目的地做一些題目，好好體會一番，這樣，對於自己的讀書進度和掌握程度就有了一個清晰的瞭解，並且能夠隨時地調整，不斷地提升。

　　到底是制定具體的計畫好，還是只設定目標好，對於不同的人也許有不同的答案，完全在於自己的習慣和興趣，二者都有利弊。我傾向於設定一個目標，然後勾勒出一個基本的架

構，再以不同的方式朝這個目標努力。設定目標也是制定計畫的一種方式，其最大優勢在於靈活性強，不束手束腳，但要求較高的自覺性。對於讀書能力較強的學生，可以採用這種計畫方式。

讀書其實也是一門藝術，它的美在於和諧，在於一種內在的平衡。正確處理讀書與休息、娛樂、運動的關係，能提高讀書效率，做到事半功倍；反之，就會覺得捉襟見肘，事倍而功半。解決、處理各方面關係的一個好方法，就是制定計畫——制定讀書計畫，訓練計畫等。

制定計畫要有明確的目標。我高中三年，學得紮實且全面的一大因素是讀書有明確的目標。高中讀書，是要系統地掌握知識，以迎接學測的檢測。下面和各位朋友談談我制定的讀書計畫。

我的讀書計畫有兩種——長期遠景式計畫和短期目的性計畫。長期遠景式計畫是指我為高中三年讀書制定的總目標，以及每學年開始時為該學年制定的計畫。制定長期遠景式目標時要胸懷大志，統籌安排，目標要合理，也就是目標既不能過高，也不能過低，要量力而為。目標過高，經過努力仍難以達到，就會挫傷積極性；目標過低，極易達到，就

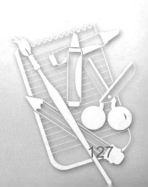

發揮不了促進讀書的作用。而且學測是一次全國性的嚴格測試，目標過低就會在學測中被無情地刷下來。目標不是一伸手就可摘到的果子，而是跳一跳或想辦法找到梯子攀上去才可獲取的果實。我所制定的高中三年課程應達到的目的，是掌握大綱要求的知識、技能，重點抓住考綱，基礎要紮實；同時掌握大綱，向課本外、課堂外延展，拓寬知識面，加深知識深度。

高一、高二學年，我把重點放在課本上、課堂內。因為學測雖強調淡化課本的測試，其實處處有課本的影子。以語文為例，有字、詞、拼音等直接用課本語言資料命題的，還有那些名為課外試題，實為課本上知識點的，譬如文言文試題所選的文言文，雖然都是我們沒有學過的，但測試的知識點是我們在課內學過多次的。「課內知識課外考」的測試方式，是要求我們把課內知識學紮實，否則無法完整地解答課外考題。當然，重點放在課本上，並不是將視野侷限在課本，我仍有大量課外閱讀，在課外閱讀中鞏固，貫通課本知識，培養能力。

高三學年，既是中學時代的最後一年，同時也是複習迎考的關鍵一年。我在高三學年的計畫是完善知識系統樹，「牽一髮而動全身」，做到由一個知識點可以拾起一串，提起一面。系統地掌握知識後，技巧也就「水到渠成」了。短期目的性計

畫是指一週安排、一日休息時間表及考前複習階段時間表等。我在高一、高二時注重一週、一月的計畫。週計畫、月計畫都依據學校規定的時間表，並特別注意小總結。我雖不是「每日三省吾身」，但週、月都有小總結。有問題及時發現，以免積重難返。

　　點評：所謂的制定讀書計畫，必須要瞭解自己的強項和弱項，並在實際制定計畫的過程中合理分配時間，靈活使用時間。最為重要的是要在執行計畫的過程中反思自己的讀書方法，有的需要堅持，有的需要果斷的放棄，千萬不要執迷不悟！

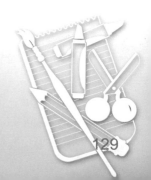

7 教科書——重中之重

1、以本為本

　　所謂「以本為本」，就是以課本為根本，抓住不放。教科書是教師教學和學生讀書的基本依據，一線教師幾乎沒有不強調看教科書的。一位英文老師告誡她的學生：「英文課本要年年讀、月月讀、天天讀。」，「一天不讀英文書，26個字母都認不出。」一位物理老師則告訴他的學生，要將課本上的知識「都印在腦子裡，溶化在血液中，落實在行動上。」，「一天不讀問題多，兩天不讀走下坡，三天不讀無法活。」

　　老師們是這樣說的，同學們又是怎樣看的呢？考入清華大學的郭慧勤同學在談到教科書的作用時，寫道：老師經常說，課本上的知識是很重要的，它代表著基礎知識中的精華。但仍有很多同學都拼命看課外書而忽略了書本中的知識。書本可以從厚讀到薄，第一次看到的時候屬於接觸新事物的階段，機械地學完每一小節，便覺得該學的和已學的、將學的都很多，知

識雜亂無章，像自由電子一樣；第二次讀書時又會發現思路漸漸清晰，每一節間的過渡知識也漸漸顯示出來，這時就基本上可以滔滔不絕地說完整本書的內容。雖然只有一個大架構，但感覺上就是自由電子外加了一個磁場，電子開始變得整齊、有序、定向移動；第三次看書時，又會發現很多新鮮有趣的東西，這是因為我們做題目的時候產生了很多疑問。我們一直在思考這些疑問，現在突然在課本上找到答案了，自然覺得興奮。隨著疑問的增加，發現的東西越來越多時，我們又情不自禁地感嘆，這本書實在太厚了，每讀一遍，都有新的收穫。在考前，我就喜歡讀課本。當然，看課本不侷限於看，要心、眼、手同時啟動，用心領會，用眼觀察，用手演算並及時記下自己的思維火花。

　　點評：古人所謂「書讀百遍，其義自見」當然有一定的道理，關鍵在於你有沒有「讀百遍」的毅力和耐心。另外，讀書的時候你是否真的用心去體會和用腦子去思考，也將決定你在這本書中獲得多少知識。

2、注重目錄

　　課本重要的資訊之一，就是目錄。在臨考複習時，先對

照教科書目錄，看看自己比較熟悉的有哪些章節，比較陌生的有哪些內容，即一看目錄，就能反映出該目錄下的大致內容，進而大體制定一下複習的重點。到了後期，再對照目錄看一看。自己若能一看章節目錄，便能在腦子裡反映出它的內容，包括主要定理、公式、一些重要結論，也包括習題，特別是一些特例的特殊解法，以及這個章節與其他章節內容的聯繫，那麼，就說明已經複習好了；若覺得有些生疏，則說明複習得還不夠，要再努力。

在複習這個環節，要讀課本，在預習、聽課、做題目、總結等各個環節，也同樣要讀課本。課本，彷彿是讀書上的「根據地」，而目錄，又恰似這個「根據地」的「中心區」，我們無論如何都不能放棄這個根據地和中心區。

3、各科教科書的使用方法

下面，我們分學科具體說明各科教科書的使用與利用：

(1) 國文

竇慧靖同學說：「6冊國文課本上的每一課我都認真閱讀過好幾遍，我認為這是我學測國文成功的一個重要原因。」具

體如何讀國文課本呢？善讀書者善讀目錄，同理，國文課本的目錄是全書的綱目，它在國文學習上的作用是不可忽視的。但不少同學認為它無足輕重，其實，我們憑藉目錄能複習把握的知識太多了。下面略舉幾條利用途徑：

1.運用目錄掌握作品的作者、文章的體裁（因課文按體裁分單元編排）。並可進一步回憶檢測作者所處的時代、國別及其代表作。

2.運用目錄檢測重點辭彙的解釋。例如：《夜走靈官峽》的「走」，《觸龍說趙太后》的「說」，《原毀》的「原」，《甲申三百年祭》的「祭」……等等。

3.運用目錄分析掌握各類文體知識。如《茅屋為秋風所破歌》、《兵車行》屬歌行體；《師說》、《原君》、《訂鬼》、《過秦論》屬議論文體；《醉翁亭記》、《石鐘山記》屬遊記體；《〈吶喊〉自序》、《〈指南錄〉後序》屬序言體；《出師表》、《答司馬諫議書》、《與妻書》屬書信體；《屈原列傳》、《陳涉世家》、《項羽本紀》屬紀傳體；《夢溪筆談》屬科技類說明文；《獄中雜記》屬雜記體；《五人墓碑記》屬碑銘體。

總之，目錄的作用是很大的，只要善於利用，還遠不止

上面所述，在國文讀書中，特別是總複習階段，切不可忽視國文課本的目錄。

（2）數學

　　考入中山大學的蔡珍同學對此深有體會，她說：「記得高一、高二時，我在考試中一直未能名列前茅。究其原因，固然有解題技巧的因素，其實最根本的還是在於對基礎知識的不熟悉。我在高中二年級選擇理科後，心中總有個念頭：文科，主要是個『背』字；理科，重點在理解；因此，記憶背誦就與我無關了。這套邏輯似乎被廣泛的接受，並發揮著它的作用，但它卻存在著致命的瑕疵——『重點在理解』。『重點』並不能代替全面。現在的學測題數多、覆蓋面廣、考點分散而不集中，不僅僅是小題，就連大題中也可能因為一個知識未能熟悉掌握而導致『一著不慎，滿盤皆輸』。這樣的錯誤的確是時有發生的，這種教訓實在是慘痛而又令人惋惜的。然而高三上學期初我在發現這類錯誤時，總是盲目地安慰自己『審題馬虎，吃一塹，長一智』。可是，所謂的『馬虎』卻一再重演。正在我苦惱之時，我開始與同學們探討讀書方法的問題，一位同學說他在複習每一章時都先看一遍書，記憶一遍知識點，然後再開始作答。我大惑不解：花那麼多的時間去看書，值得嗎？學

測數學的題型已遠遠超出了課本的範圍，在花樣翻新的試題前，課本實在已顯得老舊落伍了，但是我還是捧起了課本。用心再讀課本時，才發現有這麼多的知識點竟然在我的腦海中只成爲匆匆過客，未曾留下些許足跡。

看來在高三認眞地重溫教材眞的很有用，只有打下堅實的基礎，才能在複雜的題目前，具備『火眼金睛』，究其本質，化難爲易。看教材正是所謂的磨刀不誤砍柴功，千萬不能漠視。學測前的總複習中，我一共進行了5輪複習，每輪複習都以課本本身爲序曲。在不斷地鞏固基礎知識的同時，我的學業成績穩中有升，使我充滿了信心迎接學測。」

（3）英文

如今各種英文參考書可以說是五花八門、應有盡有，應該說其中不少各有特色。一些中學生不由自主今天買這套，明天看那套。一位名叫李守甯的同學，對此現象很不以爲然，認爲還是掌握一本（或一套）教科書較好。他說：「有的同學學英文的熱情很高，一下子買來、借來了好幾本不同的英文參考書，結果是這本看幾頁，那本看幾頁，哪本都沒看完，知識也學得不完整。我覺得應該紮紮實實地學好一本教科書，透過這本書來掌握一定的單字量和整個英文文法。

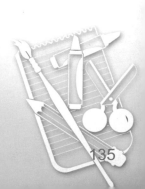

我學的一本書是《英文900句》，並附有錄音帶。我共學了兩遍，第一遍是掌握單字和文法。第二遍除了鞏固所學的文法和單字外，我把注意力放在一些習慣用法和所學知識的運用上，有的較重要的課，我複習了好幾遍。只有這樣認真地、反覆地把一本書搞懂，才能打下一個較好的基礎，才能比較系統地掌握英文的一些基本知識。學完了這本書以後，今後就不必再看別的課外書了，而是大量地閱讀英文小說、雜誌、報紙等讀物，因此這本教科書是具有打基礎的作用。

（4）物理

保送上中正大學的趙傲同學說，他物理學得不錯，首先得益於看物理課本。他說：「我在高中3年不知把那6本物理書翻了多少遍，每遍都有新收穫，雖然翻書一詞老師天天掛在嘴上，可是就是吸引不了同學們的注意力，同學們不妨小試幾回且看結果如何。」

錢磊同學尤其強調要「深入挖掘課本中很隱蔽的知識」。比如說物理課本，很多人都以為物理課本就是一些定律。其實物理中有很多介紹實際的應用。

例如，物理中介紹電荷時，講到靜電記憶體，講到光的干

涉時，後面附帶介紹鐳射和全息照相技術。還有一些，比如介紹變壓器時，附帶介紹測量交流電位元中的電壓定位方法，就是使用電流互感器或電壓互感器，這方面容易忽略。

大家都知道，物理最大的特點之一就是抽象。為此，看物理課本時一定要重視物理課本中的彩色插圖、實物圖、示意圖等，同學們在閱讀物理課本時，一定要好好看看這些插圖。那麼，具體地說，應該如何發揮這些插圖的作用呢？大體有三種途徑：

1.化文為圖。有些內容比較抽象，光看文字看不懂。這時，不妨反覆看插圖，反而會更快地弄明白。這些插圖把抽象的知識直觀、形象地展現在我們面前，不僅加深了我們對概念、原理的理解，而且增強了記憶的效果，促進形象思維向抽象思維的發展。

2.化圖為文。有些圖光看難以理解，不妨將圖的含義用文字表述出來，這樣既促進了對課本的閱讀，也加深了印象。

3.圖文結合。將圖與文有效地結合起來，可以培養自己的多種能力。例如利用插圖，可以培養自己的觀察、想像能力。在中國人教版物理課本裡，有很多圖畫是用來解析、說

明課本內容的，但在我們身邊卻沒有這種景物。如「水能和風能的利用」中的「水磨」和「風力發動機」。透過仔細觀察圖畫，再透過想像接受「水磨」、「風力發電機」的事物。又例如，課本中的一些「實驗圖」。一般情況下，物理實驗是要求教師在課堂演示的，但有一些實驗非常簡易，仔細讀課本的「實驗圖」就能理解、掌握了。這也有利於培養我們的觀察、想像能力。還有一些實驗由於缺少器材或實驗的「危險性」，不便在課堂上演示的。例如，「內能的利用」一節，「在試管內裝些水，用軟木塞塞住，加熱使水沸騰，水蒸氣會把軟木塞沖出」的實驗。這個實驗具有一定的危險性，並且實驗非常簡單。透過觀察、思考課本上的圖，是能理解「內能轉化爲機械能」的原理的。

（5）化學

　　張琦同學談到高三時化學成績不好，老師的辦法就是讓學生把高一到高三的化學書詳細地看三、四遍。她說：「記得高三一開學的化學模擬考，全班幾乎全軍覆沒，之後的多次考試全班成績均不佳。班上很多人有打退堂鼓的意思，我也曾經爲是否要繼續讀理科而傷腦筋。化學老師發覺之後，與我們談話，說：『你們現在先將高一到高三的化學課本詳細地看三四

遍，做到知道每個知識點所在何處，然後我會再給你們做次練習。』果然，理清知識點後，作答思路清晰，知道這題在考哪個知識點，就像鑰匙孔和鑰匙，找到與其匹配的鑰匙，還怕無法打開鎖嗎？」

（6）生物

生物課本既不像數學、物理課本那樣有邏輯性，又不如歷史、地理課本那麼有趣味性，知識點又比較瑣碎，關於它的閱讀方法有哪些呢？下面幾點應該是比較適合同學們學習這門功課時使用的：

1.聯繫讀法

新舊知識要聯繫起來讀，既要讀懂新內容，又要聯繫舊知識。新舊結合，溫故而知新。如高中生物裡先講細胞的有絲分裂，後講減數分裂，由於減數分裂是一種特殊的有絲分裂，故在學減數分裂時，應先讀有絲分裂有關的內容，在溫習舊知識的基礎上再引出新內容（即減數分裂）。

2.設疑讀法

有時閱讀了某一段教材後，卻不能對該段教材的內容留

下深刻印象，這時，如果學生能帶著問題去閱讀，情況就會好許多。如在學根尖的結構時，先帶著以下問題進行閱讀：根尖是由哪幾部分構成的？根尖為什麼能不斷地向下生長？根尖靠哪些部位吸收水分和無機鹽？透過閱讀找出答案，並勾劃下來。這樣的閱讀具有目的性，提高了閱讀的效果。

3.回憶讀法

即讀過每一章節的主要部分後，把書放在一旁，努力回憶讀過的內容，這是一種好的讀書習慣。

4.緊扣標題讀法

大多數教材，每一章節的標題就是本章節的中心。讀時就要時時注意本章節的內容、文字與標題有什麼內在聯繫。

5.讀圖和讀表

生物是一門以解剖為基礎的實驗學科。而圖能真實地顯示生物的結構和特點。因此，插圖成為生物教學內容的重要組成部分。課本中還有一種圖表，簡化了文字敘述，使知識一目了然。複習時注意讀圖和圖表，掌握結構，找出知識之間的聯繫，能抓住重點，開啓思維，有效地提高對圖形的篩選、轉換

和加工能力，並運用它解決實際問題。如運用「骨的成分及物理特性」圖表解釋少年兒童骨易變形，老年人易骨折的道理和意義；有些圖可綜合在一起，增強知識的聯繫，突出了重點。如脊髓結構圖和反射弧模式圖、關節模式圖和長骨的結構圖，都可迭加起來。

6.讀實驗

課本中實驗很多，如演示實驗、學生實驗、動動手等。實驗中的方法步驟、注意事項、常用資料用具、實驗現象及分析、結論等，都要求認眞深入分析，切實把握實質。不同實驗的要求有所側重，讀時要切實注意。

7.讀課後題

課後題包括「看一看，想一想」、「動動腦」及學生實驗後的討論題。這些內容往往是本節的重點，此外，還能培養學生的綜合分析能力：「一個病人經過驗血，知道每立方公分血液中白血球18000個。一般來說，這種現象說明了什麼？」如果單用記憶的知識無法回答此題，但理解了白血球的作用後，經過分析、推理，就會得出正確答案：可能患急性炎症。

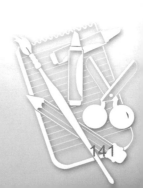

8.結合課堂筆記來讀

結合課堂筆記讀課本，是要求二者互相補充才行，以下兩種筆記是不足取的：一是只知道抄板書；二是將筆記內容弄得密密麻麻，分不清主次，看不出章節，缺乏條理和頭緒。

9.結合考卷來讀

將以往學測的試題找出來，特別留心的是不要讀錯題，分析出錯的原因，從中吸取教訓，引以為戒，防止以後再出現類似的錯誤。學會讀題、審題，克服粗心的毛病，抓住題目中的關鍵字眼、挖掘題目中的隱含條件、找出解題突破口、確定解題運用那些知識、採取何種作答途徑、培養形成較成熟的作答思路、提高作答能力。

（7）歷史

考入台灣大學的姚一婷同學說，「我基本上是每半個月看一本書，如此不斷循環，直到學測。雖然很機械，但卻很有效。」甚至「在最後的十天裡，還把歷史課本從頭到尾翻了一遍，以加深印象。」

管梅同學則更不得了，她說，高中的歷史課本，她每天看一兩本，迎考之前的那個衝刺階段，至少來回看了不下二、三

十遍！她說，雖然十分枯燥，但堅持下來還是有好處。

　　張正偉同學則說，應把歷史課本當「漫畫書」看，沒事就翻！蔣墨同學對歷史課本也有自己獨到的見解。他寫道：高中歷史課本，內容囊括古今中外，可謂多矣。如果按章節順序，除非把整本書背下來，否則絕無考好的可能。歷史事件前後聯繫是十分微妙的，如果我們抓住其中前因後果的關係，拔出蘿蔔帶出泥，將會提高複習效率。這一點我得益於我的歷史老師，他把前後的相關事件聯串出來，如令人頭痛的法國大革命歷程（包括中間政權、國家名和執政者），這個工作如果在高一、高二做了，將會對高三複習有很大幫助。我抽了幾天完完整整看了歷史課本，不強求自己細看一遍全部記住，而是要求知道一個事件的大概及其意義。大綜合歷史考得較多的是靈活分析事件意義，這些從書上直接得到的很少，自己根據前後周邊事件分析的能力就很重要。歷史事件還得花一定時間記，當然只記重要事件，因為常有考題讓你分析世紀末到世紀中出現的大事說明了什麼思想潮流的到來。在最後階段，令人比較頭痛的一些事件最主要的原因是什麼，這與把歷史事件孤立地看有關。不過有時覺得兩個原因都很重要，但內因是主導，這一政治思想也體現到了歷史考題中，可謂綜合。還應考慮哪個原因是一串原因的端

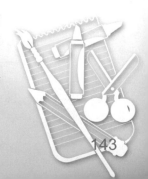

點，擒賊先擒王，有時為了一個題目可以翻半個小時的書，追本溯源，等到最終搞清楚的時候，已經相當於做十幾題了。」

點評：舉凡學文科者，其科目大多枯燥乏味，尤其是歷史這一科，需要記憶的東西實在太多，但唯有如此，方能顯出高手的本色。其實，再枯燥也不過是兩三年的時間，跟我們漫長的人生相比，這兩三年又算得了什麼呢？況且這兩三年將決定著你未來的前程和命運，此時不搏更待何時？

（8）地理

歸納起來，讀好地理課本的方法，大致有以下三種：

1.「變」

課本內容多以文字形式為主，讀起來會感到枯燥乏味或難以理解，這就要求對課本內容做適當處理，在「變」中求得形象、直觀、生動，變文字式為圖示式，或變繁瑣為簡潔。當然「變」有原則，即不能脫離教材，要變得科學合理。如高中地理上冊教材中講述的大氣對太陽輻射的削弱作用和大氣對地面的保溫作用，其內容和圖示繁多，大氣受熱傳遞過程特點又不很明瞭，因此不妨對課本做適當的變化處理，可以使我們對三種輻射和大氣的兩種作用以及大氣受熱傳遞過程等能更直觀、

更清楚地理解和掌握。

2.「聯」

　　課本的知識內容有時很瑣碎，使我們對其很難把握，這時就要對課本做適當的處理，找出各知識點之間的內在聯繫，並把分散的內容用線索進行連貫。如高中地理課本在地殼物質組成這一部分內容中，有礦物、岩石、礦產、礦床等概念，如果只進行羅列，效果可想而知，如果把這些知識連貫起來講解，效果就會明顯不同。又如課本在描述幾種外力作用相互聯繫的統一過程這一內容中，沒有把外力作用的動態過程、順序及內在聯繫與統一直接表示出來，因此可對課本做適當的串聯處理。

3.圖文並讀

　　蔣墨同學認為，地理在文綜和大綜合中分值不低，而且由於綜合題往往以一道地理題開頭，如果判斷不出該圖在世界上代表哪個地區，剩下幾道題也就難以攻克。所以地理的敏感度一定要高，地理課本一定要熟讀，常見的一些圖形如等高線圖、經緯線圖、植被分佈圖等，不妨多花點時間看。畢竟，會看圖，地理就成功了一半。地理幾乎沒有什麼知識不能表示在圖上，所以他複習時一手拿圖，一手拿課本，把

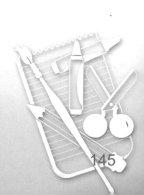

每個考點都落實到圖上，同時自己也常隨手畫幾個草圖。他說他們老師每週發給他們1～2張試卷，他一開始課餘還能做點題目，後來發現掛一漏萬，還常有犯同樣錯誤的情況，於是減少練習量，常複習錯過的試題，做題目也以品質高的歷年學測考題為主。

其實，地理的成績，只要你用心學習，很快就會趕上來的。

綜上所述，不管是哪一學科，都不能拋開教材。很多功課好的同學，一個最大的成功經驗，就是看教材，在高三時也仍堅持看教材。一位同學寫道：「複習期間老師常常拿同學的教材進行比對，一般來說，我的課本是最黑的。我的書桌上最容易取的書是高一至高三的各科教科書，習題集則一般壓在最下面。我認為，如以電子遊戲來做比方，教科書正如我軍基地，如果你牢牢控制了它，就能輕易建造各種建築物，進而造出各兵種，以己之長，攻敵之短，直到消滅敵人一切有生力量，摧毀它的各建築，最後滅其基地而完成任務。高中的各科教科書均有著深刻的內涵。仔細看數學課本中的各種證明（例如圓錐、球體積的求法），物理、化學課本中的實驗描繪（彈性碰撞、銀鏡反應），語文課本中幾乎涵蓋古代現代各家的多種語言風格，英文課本中的文法與辭彙用法，你不光是熟練掌握各

種知識，更重要的是能親切地體會到每門學科獨有的氣息，數、理、化是他們的思路和思想，語文和外語是他們的語感。不要認爲教科書沒有難度，事實上，很多題目的難點就在教科書的某一處。這就是爲什麼我要把所有教科書都擺在隨手可及的地方——隨時翻。做題——反觀教科書——做題，確實能收到意想不到的效果。在題海之中教科書恰如羅盤，每到一處以教科書定座標，以後複習可以輕而易舉。能把每一科的各本書讀到融會貫通，多半也已進入了大境界。」

8 充分利用參考書

參考書全名是教學參考書，也叫教輔書，即教學輔助用書。最初是老師備課用的書，不過現在實際已細分為老師備課用書，老師、學生兩用的書和學生專用的書。關於參考書的選擇與利用有以下四條原則：

（1）掌握最新資訊

目前市場上參考書實在是太多了，真的是數以萬計。不瞭解、不掌握相關的資訊是不行的。經歷過學測的人都知道，班上的同學往往不願意告訴別人，自己在看什麼參考書。這其實也是一種資訊封鎖。因此，競爭也應該包括對相關資訊的瞭解和掌握。你瞭解和掌握的相關資訊越多，你的競爭力就越強。考慮到參考書有一定的時效性，所以欲瞭解參考書，就要多去書店，不一定買，但可多翻閱。翻閱多了，對於參考書的「路數」，多少會有些瞭解。此外，還可利用上網、報刊等途徑進行瞭解。自己時間緊湊，也可委託家長代為瞭解。曾有不只一

位學測考生家長說過，伴隨孩子走過學測，都快變成參考書「專家」了。

（2）選擇適合自己的參考書

參考書很難說哪一本最好，只能說哪一本最適合自己。有時候，某一本書別的同學很適用，你卻未必合適。因此，選擇教科書，首先一條，就是要適合自己。

實例一、以高分考入政治大學的郭慧勤同學的經驗是：認定一套。她說，現在市場上各式各樣的參考書很多，參考書的選擇讓同學們頭痛，那麼多參考書不看完會覺得心裡不安，害怕考試時考到了，看完又沒有那麼多時間，力不從心。她的主張就是認認眞眞的精心挑選一套參考書，一套適合自己的參考書。什麼才叫適合自己呢？這就因人而異，喜歡多做題目來加深對概念定理公式理解的，就買習題數量較多的參考書，最好再搭配詳細的解題思路和解題過程；不喜歡做練習題的，就買講解很詳細，並且有小結的參考書，有幾道經典例題並從例題引出很多規律性的東西，最後搭配幾道代表性的習題。總之，參考書是很多的，再多也只是參考書，所以以課本爲綱，配合參考書的指導作用，就足夠了，不要東看一眼，西看一眼，什麼都沒有學到，因小失大，得

不償失啊！

　　實例二、以優異成績考入中山大學的司璐同學，對這個問題頗有心得。她認為，參考書簡直是高三學生的「掌上明珠」。許多同學甚至對它很迷信，有的人自認為找到了一本好參考書便遮遮掩掩，生怕別人也有，這種做法會極大地影響同學間的感情交流，其實也是沒必要的。據她所知，老師出書所舉之題目大都是從題庫得來，甚至有些不負責的老師從別的參考書中一一摘錄，所以內容上不會相差太遠。她上高三時也曾買了很多參考書，後來發現浪費了很多，通常在書店都被裝幀精美的參考書吸引，耳邊又響起家長「別在買書上省錢」的話，便「滿載而歸」。可是仔細想想，哪有那麼多時間做參考題呢？後來同學們聊天交換經驗，又向老師諮詢，總結出以下幾條選參考書的原則：

　　第一個原則：新。看到書後先要翻閱第一版日期，如果它是兩三年前的則當機立斷，「Pass」掉。參考書多如牛毛，找「新出爐」的還不容易？新書的題型都是新編或從舊書依照典型或熱門的考題中摘錄的，其價值比舊書大許多。

　　第二個原則：看編者。最好是「名師」。現在許多書都冠以「名師導讀」一類的標題，該老師是不是「名師」，影響可

就大了。這樣選書時心裡有個底，對於沒把握的，不妨去問問自己的老師，請老師幫忙出出主意。

第三個原則：找當前需要的書。參考書切忌提前預備，一定得像看中醫——對症下藥。高三初期一般是知識的系統複習，可以找些知識歸納多一點的書，掌握知識結構。這種書有一本足矣，課後輔以少量習題，讀書目的便可達到。高三中、後期縱向讀書完成，重點變成了熟練掌握和綜合運用，這時你可以買一兩本習題集，課餘時間練習，這種書最好是做完一本再買一本，否則累積一堆未做的題，一看就頭暈，還真夠煩的呢！再說家長賺錢不容易，錢得用在刀口上。有了這幾個原則，相信可以找到適合自己的書。

實例三、張倩同學總結自己的讀書心得，她將林林總總的參考書分為課程參考書、習題參考書、思維方法解題技巧參考書和競賽參考書四大類。她認為，找到適合自己使用的參考書的方法，對自己的幫助會非常大。

第一類是課程參考書。這類參考書一般可用來鞏固課本知識體系，融會貫通課本內容。張倩同學說，她一般先把課本看一遍，把知識點列一個短小的提綱，試著不看書，自己把公式推導一遍。然後看一些與這些概念有關的數學歷史故

151

事，瞭解科學家推導這些概念的來龍去脈，最後做一些概念的辨析題，並計算自己的通過率。

　　第二類是習題參考書。這類參考書主要用於訓練各類型的習題，對訓練知識運用，擴大習題見識頗有好處，而且可以透過多練達到「熟能生巧」。一般做題要有選擇、有速度、有品質。有選擇就是要選擇一些與課堂知識結合密切的題目；有速度，是要按學測的要求——題做多少分鐘，根據題數，固定一個時間內完成，如同考試一般。有品質，就是全部題目做完後再檢查一次，按照思維的有序性，對每一題深入分析。首先對題目質疑，對題目中有什麼隱含條件可以挖掘出來的，再對問題包括習題的多種解法和擴展進行解答，弄清來龍去脈，最後將自己的題目歸納成一個個小知識點或者方法，寫在書旁邊的空白處。有些題還可以拿到學校與同學一起討論、研究，你一言，我一語集思廣益。對於不會做的題目，一般不要急著問老師，放兩三天，說不定到那時，思維就完全暢通，難題也就順利地迎刃而解了。

　　第三類是思維方法、解題技巧參考書。這類書主要是進一步提高科學思維方法。思維是解題的核心活動，思維水準提高了，可以深入事物的內部把握住本質規律，並能和其他內容聯

繫起來，打破各種知識的界限，恢復其渾然一體的面目，自己動手解題也就遊刃有餘了。看此類書時要邊看邊想邊記下自己的心得，最後合上書，將書上的方法再想一遍，推導一遍，做一兩題練習題予以鞏固。

第四類是競賽參考書。這類書結合課程深化讀書一些超綱內容，可以對所學知識更透徹地理解，進行更高層次練習。看這一類書首先要有不怕難的心理，想要著「困難像彈簧，你弱它就強，你強它就弱」。其次，要對擴展的內容仔細思考，結合例題把它弄懂。最後做題時，先從最基本的方法開始。

（3）學會合理利用參考書

是不是參考書中的每道題目都要做呢？不一定。李驥同學說：「記得高二時，我們的數學老師常說：『學測就是考基礎。學測數學題，110分是基礎題，如果把這110分拿下，再做一道拔高題……』那時在我們眼中，學測簡直是一座森嚴壁壘的城堡，怎會如此容易拿下？可是經歷後，我才知道，老師的話沒有錯。其實何止數學，英文、語文、歷史、政治不都是基本題的累積嗎？所以，真正打牢基礎，熟練掌

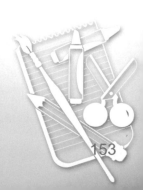

握基本題的思路技巧，熟記基本概念定義及每一個細小知識點，才是成功之關鍵。記得聽過數學老師的話後，對於一本《五星級題典》中三星以上的題目，我都採取『視而不見』的態度，事實證明，這非但沒影響反而有益於我的學測。」

一步一步，不慌不躁，遇瓶頸時翻書上的例題，再仔細研究一番，看看它對這類問題的處理方法，然後再接著做題。做出後，也不要把題目一丟，而是要回頭想想，剛才是在哪兒遇瓶頸的，為什麼遇瓶頸，還有沒有其他的解題方法。

前面提到的張倩同學則認為，對課程參考書，應與課本平行使用。對習題參考書，應是集中使用，即學完某一單元或某一冊後，集中做題。對思維方法、解題技巧參考書，應穿插著用。即經常翻閱，每一次都會有新的收穫的。對競賽參考書，則應超前使用，因為這些競賽題，一般來講與課本內容無太大關係，屬超前讀書。清華大學程雙同學認為，高一、高二時不妨多買些有講解的參考書。到了高三，主要是買些高品質的習題參考書。

綜上所述，目前市場上各式各類的參考書相當多，有的同學認為這些參考書沒幾本好的，不屑一顧；有的同學卻又相反，認為參考書比教科書「高明」、「好用」，這都有失片面。

實事求是地說，參考書中，確有精品，也確有廢品。關鍵是看你有沒有眼光，將那些真正下了功夫的、適合自己的參考書，從書山中找出來。在挑選參考書時，一定要記住：適合自己才有用，不要盲從，別人買什麼你也買什麼。書買回來後，一定要用。書是買來用的，而非擺在那好看。用時要不斷摸索經驗，有些書要從頭到尾細看，有些書翻翻即可，有些書甚至可以剪下貼到自己的筆記本上。一句話，怎麼對自己有幫助就怎麼用，沒有什麼固定模式。

真正適合自己的參考書，是「自製」的。以優異成績考入清華大學的劉靜國同學認為數、理、化三科僅靠教科書是考不了高分的，必須多做題目。他寫道：高中數學是難度很大的一門課程，其內容雖然都在課本，但考試難度大大高於課本，物理、化學也是如此，是典型的「又要馬兒好，又要馬兒不吃草」。針對這種情況，課本只能當作預習教科書，水準的提高大多是靠多做既然如此，選擇參考書、習題集便相當重要了。目前市場上的參考書、習題集品質高低不齊，劉靜國同學認為，自製一本「參考書」，是一條去粗取精、去偽存真的好辦法。經驗累積在數學讀書中非常重要，一般的方法是，準備一本筆記本，對每種類型的題目，記下它的解題思路並附上例題及解答過程（為了省時可以複印剪

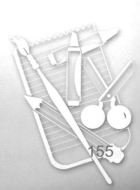

貼）。因為題型繁多，不可能也沒必要一一都記，只對那些自認為容易忘掉的內容加以記錄。這一本經驗集便是考前最好的複習資料，尤其是在學測複習階段，面對浩瀚的題海，如果沒有這麼一本「指導書」，往往會無所適從。

從眾多的習題集、參考書中提煉出一本自己的「參考書」、「指導書」，顯然是博採眾家之長的過程，也就是一個整理、吸取資訊的過程。這真是一個利用眾多令人眼花撩亂、不知所措的習題集、參考書的好方法。正如另一位清華大學同羅萌同學所指出的：「在學測總複習的時候，會接觸到大量的題型、新思路、新方法，不妨把有啟發性的那些整理出來。一方面整理的過程就是消化的過程，另一方面在複習的最後階段，可以用較短的時間回顧總複習時獲得的知識。」

（4）購買參考書時應注意的事項

1.是教輔也要買「名牌」

要注意挑選正規教育出版社或其他大的正規出版社出版的參考書。這些出版社大多能夠組織編寫，實現與現行教科書同步，因此，這些出版社參考書的品質一般情況下都能夠得到保障。

2.是注意印刷上的講究

要注意書的印刷品質、清晰度、用紙和版式等。在購買時，你可以拿一本確認爲正規出版社出版的圖書與想要選購的參考書進行比較。

總而言之，在購買參考書的時候，首先要選擇精品，切忌盲目購買，然後再針對書的品質細心識別，這樣才能買到稱心如意的好書。

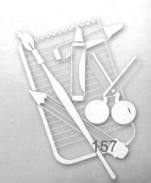

第三章 分科複習錦囊

知識不能單從經驗中得出，還應該從理智的
發現與觀察到的事實兩者的比較中得出。

—愛因斯坦

Ⅰ 點金術之國文複習法

1、閱讀

　　古文閱讀：要加強虛詞的複習。瞭解常見虛詞的一般用法，並能結合課本中的例句正確判斷。

　　古詩閱讀：注意抓住詩的主旨，明確詩中表達情感的關鍵語句，同時要注意抒情方式的多樣化。

　　科技文閱讀：認真比照，防止空間概念、時間概念、邏輯關係錯位。

　　散文閱讀：要整體把握主旨，明確各種問題的解答角度。比如概括題，從文中選取關鍵辭彙加以組合。比如藝術手法的鑑賞題也要能夠結合上下文比較切實地解答，要防止空泛、大而化之地解答。文意的判斷要從思想內涵和藝術手法兩個角度加以比照分析。此外，注意一些哲理性散文的閱讀訓練。

2、寫作

第一、尤其要注重審題環節，首先要求正確，在此基礎上力求深刻。

第二、寫作文體上力求規範，議論文要像議論文、記敘文要像記敘文，把這兩種文體實實在在地寫好。

第三、關於表達，寫記敘文時要注意把情感融入字裡行間；寫議論文時要注重分析的能力，分析時要力求井井有條、要層層深入。

第四、功夫在文外。要注意關心社會的熱門問題，要關注自己身邊人的生活現狀，寫記敘文做到言之有物，議論文要有根有據。

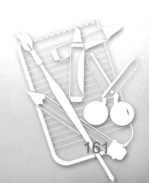

2 點金術之數學複習法

（1）以學測成績為目標，制定二輪複習策略

要對自己數學複習的現狀進行正確定位，盡快摸清自己的薄弱環節，做到有的放矢。但也不能一味缺什麼補什麼，要學會放棄一些在短時間內難以達到的能力題，總之，要根據自己的實際情況制定數學學測成績的切實可行的努力目標。

（2）以題型為主線，加強有針對性的訓練

選擇題、填充題的訓練，著眼點要放在發現問題和查漏補缺上。學測中選擇題、填充題的測試，除了突出測試「三基」，能力的測試集中體現在解題速度上。因此，要在熟練掌握常規方法的前提下，強化特殊方法的訓練，在做對的前提下提高解題的速度。建議要強化數形結合、特殊化、估值的方法的訓練。

透過計算題的訓練，突出數學思想方法的落實。計算題的訓練可以分兩大層次，第一層次可以以三角、概率與統計、立

體幾何爲內容；第二層次以學測計算題的後三題爲內容，包括函數、不等式、數列、解析幾何的綜合運用。

（3）書寫工整、便於閱卷

　　學測的得分是以學生的書寫爲依據，書寫工整不工整，會影響學測的評分。

　　同時，我們要提醒同學們，在模擬考時，要不斷累積考試技巧。比如哪類題型用多少時間等等，要透過模擬考做到心中有數。

3 點金術之英文複習法

1、聽力訓練重在耳熟

近年來，英語學測聽力在選材上更加真實，貼近學生、貼近社會、貼近現實生活。專有名詞大量出現；話題涉及生活領域更加廣泛。

前幾年聽力試題語速逐年加大，因此在今後的聽力訓練中，同學們不妨採取以下措施：

選取合適的聽力訓練教材，尤其是朗讀人的語音、語調、語速咬字，朗讀技巧等要與學測聽力中的朗讀接近。

訓練並強化考生聽前透過閱讀題目預測對話內容的能力。對於題目中出現的關鍵字，專有名詞以及選項中不同詞或含義應劃線，在聽的過程中加以捕捉，驗證與綜合分析。

對話錄音重要的是將預先推測的資訊跟聽到的相關資訊、相關的背景知識綜合起來加以理解與分析，比較後選出結論。

2、閱讀重在訓練

考生閱讀理解能力的高低直接決定考卷的得分。因為每個大題型的解答都需要考生有較強的閱讀理解能力。

閱讀理解不僅在學測試卷中佔分最多，而且也是影響其他題型答題效果的關鍵因素。英文總複習應以閱讀為重點，以閱讀貫徹始終。同學們可以選擇一些短文仔細閱讀，並練習正確作答。

閱讀題主要包括四個方面，即事實細節、概括中心、推理判斷和猜測詞義。不但要讀懂文章，還要學會答題，即掌握概括中心、推理判斷和猜測詞義的規律。選擇文章時，要有意識地讀幾篇一般的應用文，如電報、信函、廣告、課程表等。

3、短文改錯與書面表達配合複習

對於大多數考生來說，在學測英文中想要獲取高分，其關鍵在於突破二卷。很多考生對短文改錯面有難色，做書面表達題，也很勉強，敷衍了事，孰不知短文改錯得分過低將直接影響表達題的得分。在複習中應該引起同學們的重視。

寫好英文簡單句。寫好單句是做好書面表達題的基礎，

首先，應該寫好單句，要寫好單句，就要熟悉英文的五個基本句型，it句型和there be結構，在老師的指導下，每天使用常用的九種時態中的一種，寫出七個句子來。這樣句型與時態搭配，既能熟練句型，又能掌握時態。

提高表達能力。在寫好單句的基礎上，考生要刻意訓練幾種較複雜的表達結構，如動詞的非謂語形式等。在平時訓練中，時刻注意提高表達的能力。

書面表達訓練、短文改錯同步進行。考生每週應堅持寫幾篇書面表達小作文，完成後自己先逐行改錯，然後進行較高層次的整合訓練，也可在完成後與同學交換進行相互批改訓練。

4、基礎知識，突出重點

從近年學測對語法的測試來看，動詞（包括時態、非謂語形式、動詞短語的搭配）、名詞、形容詞、代名詞，各類簡單句、並列句和複合句是熱門考題。因此，在複習中應有所側重，把以上項目作爲突破口，而對於其他只要求一般性瞭解的項目可以稍帶而過。

4 點金術之物理複習法

建議同學們在最後複習中主要做到以下三點：

第一、要保持良好的心態，透過模擬考後，可能出現各種問題。有些學生分數不盡如人意，要找出問題，根據個人情況加以重視，是基本概念、理解問題出錯，還是應試過程中粗心大意、不良習慣造成的，要歸納錯誤原因。

第二、專題複習，以力學和電學為主，仍要抓住中檔題和基本題的訓練，對典型的題目要認真地進行思路和方法的總結，進行綜合的訓練，提高自己的分析解題能力。在此期間，做一些基本綜合模擬試卷，但難度不宜大，強調對知識和概念的熟悉，發揮溫故知新和記憶的作用。

第三、重視基本實驗的複習，對所做過的實驗在實驗目的、實驗原理、實驗方法進行歸類和總結。實驗題一般是兩個題目，一個是做過的實驗略有變動，另外一個是以熟悉的實驗原理、實驗方法在一個新的實驗背景下靈活應用的問

167

題，可能是設計型的實驗中的資料處理問題或者測量問題等，難度一般不大，但是得分率卻不高。在進行實驗複習時，一定不能偏離主題，要進行系統強化複習，而且要到實驗室進行實際操作複習。

5 點金術之化學複習法

　　針對模擬考中暴露出的弱點，在最後複習中加以消化：

　　第一，重溫「錯題」，鞏固基礎。對於基本概念、基本理論、化學用語、物質的通性和特性等化學主要知識，要在理解的基礎上記牢善用。要加強訓練，多做一些基本題和中等難度的題，首先要提高選擇題的得分率，透過訓練複習，提高解題技巧性和正確性，優化解題思路和方法。鞏固基礎還體現在強化審題意識。審題不慎、急於求成、考慮不周是同學在解題時常出現的通病，也是考試失分的因素。

　　第二，善思多問，提高效率。解題中不可避免會遇到困難，有一些題目自己確實不會做，不要花很多時間苦思冥想，可以請教老師和同學，節省時間提高效率。

　　第三，重視課本，抓住重點。歷屆考生成功的經驗顯示：在最後複習中有針對性地閱讀課本，是最後複習中的重

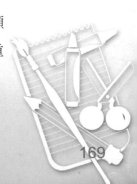

要一環。

　　第四，歸納提高，靈活應用。最後複習要注重知識的歸納，將所學知識系統化，精練各章節要點，如有機物掌握烴、鹵代烴、醇、醛、酸、酯的一系列變化關係。加成與消去、酯化與水解、加聚與縮聚的區別。不僅能解「死」題，更會解「活」題，特別要注重化學資訊知識的應用。

6 點金術之歷史複習法

1、形成網路，提升思維

當前，高二歷史複習應該對知識重新整合，形成系統的知識網路，達到思維品質的提升。

首先，利用課本標題，形成對課本的整體把握。讀書不宜翻開即讀，不妨先回憶某一階段相關章節甚至子目的標題，因為標題是「綱」，對這些「綱」的綜合、歸納，便形成了「歷史的階段特徵、基本線索」。在此基礎上，有選擇地突破一些重要的歷史人物、歷史事件、典章制度和歷史概念等。由於知識的內在邏輯關係，必然形成與其他知識點的「互動」，所謂「綱舉目張」。

其次，要注重知識的橫向與縱向聯繫。橫向方面，如學習中國史，一定要以世界史為大背景，把中國史視為世界史的重要組成部分，使中外歷史渾然一體；而中國史、世界史本身也要時時考慮政治、經濟、民族關係、國際關係和科技

文化等之間的內在聯繫，形成多層次、多角度、立體式的思維。縱向方面，不拘泥於政治史、經濟史等傳統模式，在每個大專題下面，要進一步細化，形成若干小專題，這對文科綜合考試特別奏效。

2、回歸課本，落實基礎

當前，我們要從題海中跳出，留出更多的時間回歸課本。越臨近學測，越要求我們「反璞歸真」。

當然，這種回歸絕不是機械式的死記硬背。回歸課本應該重視以下內容：

1.重視理解，融會貫通。只有理解了的記憶才能持久，只有融會貫通，才能在考試時明析題幹與問題之間的內在邏輯關聯，進行合理的邏輯推理。

2.重視主幹知識。主幹知識是指對歷史進程能夠產生廣泛影響的重要歷史人物、重大歷史事件、重要典章制度等。全面地、深層次地掌握歷史主幹知識，就掌握了歷史發展的脈搏。

3.重視歷史概念、結論。這是考生必備的第1條能力要求，我們要從內涵、外延等方面正確地把握歷史概念，對歷史概念、歷史結論不僅要「知其然」，而且要知其「所以然」。

4.重視原因、影響。原因和影響往往比較抽象，許多人覺得難記，也不太重視，但它們卻是命題的焦點。

5.重視查漏補缺。平時一些沒有注意的盲點、盲區，是絕對不能放過的，而且一定要及時的消化。

3、掌握技巧，提高成績

為了在學測中取得優異的成績，在備考時我們還應該加強應試技巧的訓練。

（1）審題技巧

審題正確與否是考試成敗的關鍵。目前歷史學科的學測主要包含三種題型，現以問答題為例，簡述審題的注意事項。

請看學測題：「簡要說明18世紀至19世紀中葉，法國社會經濟和階級關係的主要變化，並根據這種變化分析1789年革命與1848年二月革命的主要不同之處。」第一審時間。該題時間限定是「18世紀至19世紀中葉」，乍看起來跨度很大，但「1789年革命和1848年二月革命」兩個點又將前面較大的跨度縮小，難度也相對降低。所以，我們要靜下心仔細看題目、反覆推敲。第二審時我們又發現這個題目的關鍵字

是「社會經濟」、「階級關係」、「主要變化」，即在經濟形態、經濟現象、階級構成及其關係方面發生了什麼變化？求答項是：比較兩次革命的「不同之處」。審題正確了，思路也就明朗。第三審題意。即解讀命題意圖。為了使考生有充足的思維空間，考試中心對試卷的時間做了適當的微調。考生切忌提筆即答。借用一句古話：「讀題三遍，題意自現。」

（2）答題技巧

對待資料解析題，專家建議：先看問題，帶著問題讀教材，這樣就能做到有的放矢；然後將資料分清層次，再獲取有效資訊；最後將問題、資料與教材的相關知識結合，有些問題的答案可能就在教材中。對於問答題，筆者主張：首先明確求答項，回答的內容一定要緊扣求答項，不能答非所問；其次分層作答，一個層次答完就是一段，切忌一氣呵成；再次注意主觀答案客觀化，不要圍繞某一要點長篇大論，要善於抓關鍵字、句，要注意發散思維，多層次、多角度地搜尋其他要點；最後看分答題，學測試卷主觀題後面都有分值，分值的多少基本體現著該題的難易和答題量的比重，留意它有助於我們把握答題的分寸。

7 點金術之地理複習法

　　第一，把三大地理知識功能系統，即教材系統、圖像系統、作業系統緊密結合起來。這是掌握複習根本問題的重要方法，在複習中努力做到圖文結合，把地理考試的基本要求融為一個整體。

　　第二，在「博」的基礎上要求「活」。在掌握必要的地理事實資料的基礎上，用滾雪球的方式把書「讀厚」。

　　例如，複習到氣團問題時，就可以和氣溫、降水、氣壓、風、等壓線、高壓脊、低壓槽、大氣環流、多夏世界特別是中國氣壓分佈的總格局，以及對中國氣候的影響，冷鋒（包括快行冷鋒、慢行冷鋒、靜止鋒）在中國的表現等一系列問題結合進行綜合練習，然後抓住精髓的東西去深刻理解和驗證。上述問題就是氣候要素在不同氣候因素的綜合影響下產生的複雜變化，這樣又把書「讀薄」，落實到一個「活」字上了。

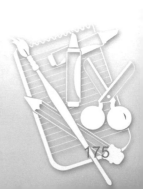

第三，具體問題具體分析。地理事件的發展有它的共同規律，也有它的特殊規律，有共性也有特性，複習地理教材時要有意識地分辨和掌握它們。這是對能力測試的基本要求之一。

　　例如，中、低緯度垂直高度的氣溫變化，總而言之是高度每升高1000公尺，溫度下降6度，但是到了具體地點卻因緯度、陰坡與陽坡、迎風面與背風面等條件的不同而在同一海拔、高度的各地點氣溫並不一致，喜馬拉雅山和阿爾卑斯山就是突出的例子。以上的例子如果不具體分析它們形成的具體自然條件，掌握其共性和特性，是不可能掌握地理事物的本質，當然就不可能靈活運用了。

　　第四，看目錄想綱目，看標題想要點。在複習一遍的基礎上對所掌握的知識進行整理、歸納是十分必要的，用看目錄想綱目、看標題想要點的辦法可以促使自己去思索、回憶，發現薄弱環節及時彌補，有針對性地查漏補缺，檢驗自己掌握知識的深度和廣度。

　　第五，每天回憶。在計畫複習的基礎上，每天離開書本、地圖和其他資料的情況下，用回憶的辦法使掌握的知識和圖像在腦海中複現，凡掌握了的、理解了的就算「驗收」合格，沒

有掌握和理解的再「回籠」。

　　第六，用空白圖鞏固地理知識。由於地理科學涉及的範圍非常廣，所以把地理知識鞏固在地圖上的學習方法已經爲學習地理的考生所重視。親手畫一畫，不要註記，在畫圖及複習時，知道圖的內容，把應該掌握的重點圖，例如中國地理的中國地形、各大自然區圖等用空白方式邊複習、邊畫，最後在總複習或臨考前翻開書和彩圖，用自己畫的空白圖去驗收。這對應該掌握的知識，以及熟練運用等方面都有良好的效果。

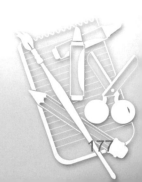

8 點金術之生物複習法

第一次模擬考後，要注意分析自己到底犯了哪種類型的錯誤，是遺忘、未看清題目、未看懂題目，還是考試緊張，透過回顧和具體分析，對症下藥，解決相關問題，逐步適應學測要求。

審題要細，特別要注意題幹資訊，例如：某道題是一道新編題目，其中曲線是你不常見的，圖中曲線是指玻璃罩內二氧化碳濃度，而不是植物吸收或釋放的二氧化碳濃度，由於玻璃罩是在陽光照射下進行，在夜間無陽光時，玻璃罩內二氧化碳濃度增高，是植物呼吸作用產生的，而陽光下，二氧化碳濃度降低，是植物光合作用消耗的，中午陽光過於強烈，C3植物氣孔關閉，光合作用強度下降、C4植物有C3途徑和C4途徑，能夠利用低濃度的二氧化碳，該圖根據EF段變化不大這些現象，知道是C3植物，所以維管束鞘細胞是無葉綠體。

在最後複習中，要在鞏固記憶教材各知識點的基礎上，做

好各個專題的複習。只有落實基礎，才能發展能力，能力是
以知識爲載體的。特別注意挖掘知識之間的內在關聯，找出
各知識點的縱橫關聯，在腦海中建構知識網路，在訓練中注
意對照今年考試大綱中對能力的要求，透過精選試題強化能
力訓練。只有全面提高學習品質，才能在學測中獲得理想成
績。

9 點金術之三民主義複習法

距離學測還有一兩個月時，三民主義複習便進入「白熱化」階段。這一階段的複習應把握以下幾點：

（1）把知識系統化

這時不能再沉迷於題海之中，不能再抓住瑣碎的東西不放，最重要的是把所學的知識系統化，把課本、筆記、做過的試卷和各種複習資料看一遍，在腦子裡把所學的三民主義、概念整理一遍，使這些知識相互結合，形成一個四通八達的網路。

（2）精選模擬題進行實戰演習

首先要著手研究考古題，熟悉並正確記憶每個測試點，同時要結合參考書，認真研究時事熱門話題，看看這些話題和所學的三民主義理論有什麼關聯，培養自己的敏感度。然後可以

選擇較好版本的模擬題，在規定的時間內，進行實戰演習，最後對照答案，找出自己的差距。

（3）處理好基礎題和難題之間的關係

這時複習時間非常寶貴，請同學們不要再去鑽研那些難題、怪題，還是應該重點掌握基礎題和典型題，從格式到步驟，嚴格要求，做到規範化答題目。特別是對於辨析題、問答題，要有科學的解題策略：想一下，該題目測試什麼知識點？回憶一下，以前是否碰到過類似的題？思考一下，此類題通常可採用哪種解答方法，基本思路如何？檢查一下，答題思路和過程是否合理，邏輯是否嚴密，所考慮情況是否全面等等。

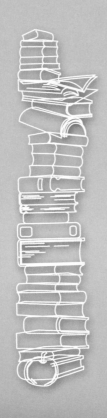

第四章
心理戰術是考取高分的秘密武器

自信是踏上成功之路的第一步。

—愛迪生

I 保持平穩的複習心態

學測歷來被稱為「千軍萬馬過獨木橋」，許多考生日夜奮戰，爲了就是渴望有朝一日能踏進高等學府。而保持一個平穩的複習心態對於做好考前複習，在學測中取得好成績有著至關重要的作用。那麼如何保持一個平穩的複習心態呢？有位學測狀元說道：「千萬不要給自己增加不必要的心理負擔，相信自己，心無旁騖，就一定會成功。」

（1）認真做好複習

根據考試大綱進行全面細緻的複習，不要過多地做偏題、難題，不要押題。要注意知識之間的關聯，避免孤立地強記硬背。複習充分全面，就會增強自信，減輕焦慮心理。

首先要把全面複習和重點複習結合起來。對學測的各門課程進行一次全面的複習，即要通讀有關書目，牢記各門課程章與章、節與節之間的邏輯關係和內在順序，這樣可以幫助記

憶。全面複習的目的是要掌握各門課程的大體脈絡，避免因總體把握不夠而失分。其次在全面複習的基礎上，要把握好各門課程的特點和自己的「短處」，加強重點複習。

只要按照各門功課考試說明和學校老師的要求，以及自己的學習計畫，有條不紊地進行複習，就可以避免因複習雜亂等原因引起的心理恐慌。

（2）正確看待學測

每年參加考試的同學能夠幸運地進入知名院校的考生並不是很多。況且，隨著當今社會的發展，同學們即使考不上知名院校，也可以透過別的方式深造。所以不能只以一次學測來判定自己是否有發展前途，克服一卷定終身的觀念，以平和的心態對待考試，把學測看作一次正常的考試，平時認真複習，考場上認真作答就夠了。過分在意學測，只會憑空給自己增添很多壓力，水準也就無法正常發揮。有些考生平時成績非常好，有的甚至經常拿第一，但是因為對自己的期望值太高，結果學測時壓力太大，水準沒有正常發揮，沒考上理想的大學。

（3）拒絕與人比較

要明確自己的定位，要清楚自己希望考上的大學，和別人比不但沒有意義，反而會分散在複習關鍵時期的注意力。因此，不要因為看到別的同學比自己用功，制定的目標也比自己高，模擬考成績又比自己好，就認為別人升學有望，自己去前途未卜，心理壓力很大。

（4）正視緊張情緒

臨近學測，考生有一點緊張是非常正常的，不要將緊張情緒當一回事，適當的緊張情緒可以讓人注意力更加集中，對複習有好處，而如果太鬆懈，則不利於正常水準的發揮，因此應該自始至終都保持一種適度的緊張。而過度懷疑自己的緊張情緒則會對複習產生負面影響。

（5）多想現在少想以後

「要是考不好怎麼辦？」這種現象在好多考生中會出現。因此要樹立「過程大於結果」的信念，重視過程，只要過程

好，結果就不可能太糟。年輕人有的是時間和機會，想太多反而增添了許多煩惱，絆住了自己的手腳。

（6）保持良好的學習環境

一個安靜、舒適的環境有利於集中精力做好複習。要讓教室保持空氣的流通與新鮮；控制好室內光線、色調的配合，減少噪音干擾。

2 如何克服複習後期的心理疲倦

經過長時間緊張的複習，一些學業成績不錯的考生，在學測總複習階段心情沉重，壓力也非常大，心理感到非常疲倦，學業效率也隨之變得低下。這是由各種因素造成的，而這種長時間的心理疲倦，對身體、複習及最後的衝刺都是非常不利的。考生如果出現這種情況，可以透過以下幾種方式進行調適：

（1）放棄「不合理想法」

複習階段，每個考生的心情都很複雜，會在複習的同時想到許多與考試結果有關的事情。不少考生都有這樣的心理：「我一定要考上台灣大學，否則我寧可明年重考。」這種非台大不上的想法會加重人的緊張與焦慮，是一種不合理的想法。「不合理想法」的一個根本特徵是以偏概全，走極端。它通常以「一定」、「必須」等絕對化的字眼出現。在邏輯上，它陷入非此即彼，要嘛好，要嘛壞，缺少思維的靈活性與變通性。

這種人把考上某一理想大學的願望給絕對化了，並將之與自己人生的成功與失敗聯繫起來，給自己的心理增加了額外負擔。

為什麼必須考上某大學是不合理想法呢？這樣難道不是給自己鼓勵嗎？其實，真理與荒謬只有一步之遙。把一條路變成多條路，就會減輕壓力。如果我們改變一下想法，變勢在「必得」爲勢在「盡量得」，我們就會輕鬆許多。我們會對自己說：「考上清華大學當然最好，考上其他知名大學也不錯。」，「我要努力學業，盡量考上一個理想的大學。」「我能做的就是努力學業，爭取考上某某大學。」「台大不錯，其他大學也有其優點。」，「能考上台大最好，考不上就退而求其次。」這樣我們就會把自己從絕境中解救出來，而那些過度的緊張與焦慮也就自然而然的消失了。

（2）調整學業節奏

研究顯示，人的大腦皮層細胞有明確的分工，不同的刺激會引起大腦不同的興奮。如果長時間接受同一類資訊刺激，就容易產生疲勞，注意力容易分散，所以要避免長時間複習同一學科的現象。

（3）勞逸結合

　　有一些同學用「強弩之末」形容自己衝刺學測時的狀態，似乎經過長時間的複習已筋疲力盡了。其實，複習時如果感覺特別累，同學們可以放下手中的書本、試卷適當放鬆一下。學業中有張有弛、勞逸結合，才能收到事半功倍的效果。比如學業之餘，適當進行一些運動，有利於大腦的休息，提高心理素質。跳繩是個很好的運動，聊天解乏效果也不錯，找同學聊一些共同喜歡的話題，比如音樂、電影、服飾等，也非常的不錯。當然，一定要保持充足的睡眠，因為這樣才能使自己精力充沛，情緒穩定，保持敏捷的思維。

3 如何擺脫心理低潮

　　隨著學測日益逼近，有一部分同學出現了心理低潮，如食欲不振、厭學，對其他事物也不敏感，如色彩、服飾等。每當此時，我們常常聽到同學們說自己的頭腦痴呆，不太靈活，什麼東西也記不住。那麼，造成這種現象的原因是什麼呢？

　　從心理學的角度來說，造成這種心理狀態的原因主要有以下幾點：

（1）過度緊張和急躁引發的考試綜合症

　　這種因素極易導致大腦皮層機能失調，注意力無法集中在學業上，使同學們的接受能力和記憶能力大大降低。

（2）對應考缺乏信心

　　這種心理狀態使大腦對資訊的接受、加工、貯存和提取

能力大大下降。

（3）用腦不得當

部分同學為了取得優異的成績，拼命複習功課。常常開夜車、忽視運動、放棄文娛活動等。這種做法會造成大腦缺氧，頭腦昏沉，降低了學習效果。

（4）複習方法單一

部分同學長時間只鑽研一門功課，使大腦皮層的某一部位長期興奮，引起保護性抑制，造成頭腦不清。

那麼，怎樣才能防止和克服上述的這些現象呢？同學們可以採用以下幾種做法：

1.多抽出一點時間和同學交流

與其他同學交流可以從兩方面吸取積極因素。第一，透過交流，可以發現自己的不足，可以讓你對自己的實力有客觀的分析，還可以推動你自覺地調整心理因素，使其達到與你的實力相符的水準，這無疑會使你的複習和考試錦上添花。第二，透過和同學交流可以增強自己的信心。從同學的評價中，你也

許會感到某種安慰，即在交流中你的同學對你的實力和信心的評議與你自己的評估相吻合，那麼，這種恰如其分的評議會強化你的自信心，使你從中得到鼓勵和力量。

2.充分利用高效記憶時間

依據人們的記憶規律來看，早晨起床後一小時，上午八點至十點，下午六點至七點和臨睡前一小時，是一天當中記憶效果最佳時期，同學們應學會善於利用這些時間提高學業效果。

3.複習方法應合理、多樣化

我們應對所學內容做到及時複習，文理應交叉進行，以避免單調、機械式的重複。

4.合理的休息和保持充足的睡眠

考試前應注意休息。每複習一兩個小時要有短暫的休息，可以簡單地做個體操、散散步、多吸收新鮮空氣，使大腦盡快消除疲勞。此外，考試前還應保持充足的睡眠。不要開夜車，也不要「臨陣磨槍」，將自己搞得太疲勞，以免影響學業效率。

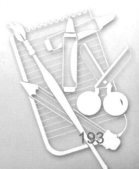

4 正確對待模擬考

　　高三「學測前奏」的模擬考成績將檢驗你多年寒窗苦讀的成效，老師們也經常會拿著這個分數來激勵大家。其實學校舉行模擬考的目的是為了進一步檢驗與鞏固同學們的知識，促進考生進入考試狀態與適應考試狀態，使每個考生進一步查漏補缺。所以，每一個同學都要善待模擬考，都要珍惜模擬考，無論考好、考壞都要認真總結經驗與教訓，為學測做好準備。但是有些同學因為模擬考沒有考好就處於憂鬱與懷疑之中，懷疑自己沒有實力。無疑，這樣的精神狀態將會使自身注意力無法集中，致使學業效率低下。

　　在這個時候就要強迫自己冷靜、清醒地思考。越是成績好的同學往往就越放不下包袱，把一個又一個「第一」看得太重。其實，即使每次考試都第一名，而偏偏學測就考到了你的弱項，那你該怎麼辦？有位補教界名師曾說過：「把學測前的考試看成對知識的查漏補缺，發現問題，及時解決問題，對學

測幫助是非常大的。同時在考試當中逐漸取得考試經驗，使自己的心態更加趨向平穩，逐漸能以平常心對待學測，到學測時就能考得很好。而如果把模擬考看成災難預演的同學，把考試看得非常重，出現失誤就垂頭喪氣，過於悲觀，甚至喪失信心，持有這種心態的同學大多考得不如意。」

　　一位學測狀元說：「在學測前幾個月，自己不要迷失了，自己要去駕馭模擬考，而不要成為模擬考的奴隸。我覺得高三一年，緊跟著老師走，踏踏實實地走，就不會出大問題。不管是成績好，還是成績差的同學。成績好不能驕傲，另起爐灶自我行。而成績不是很理想的，自己盡量跟上。在最後模擬考的時候，特別是考前幾個月，這個階段是大量做模擬試卷的時期，這個時期，一定不要迷失了自己。特別是遇到挫折的時候，不要讓它對自己有負面影響。這樣就能有比較平穩的心態，一直持續到學測，就一定能夠期待一個好的結果，也能得到一個好的結果。」

　　所以，成績好的同學也要「輸」得起，重要的不是模擬考你考第幾名，而是你彌補了多少知識上的缺陷。這個時候你不要期望自己有什麼質的飛躍，將知識體系整理一下，盡量多補強就是你該做的。所以在努力的基礎上，給自己一份

輕鬆的心情，所謂「盡人事，聽天命」的道理即在於此。

　　模擬考之後，命運仍在你手中，關鍵看你怎樣把握！提前教你一句大學裡的流行語：「Follow me,let us go！」（隨我來，我們出發吧！）——願你勇往直前！

5 考前焦慮的解決方法

　　隨著大考的臨近，不少同學會出現以下的症狀：對考試產生害怕、憂慮、不安等情緒，對考試結果缺乏信心，精神處於高度緊張狀態，有時還伴有頭痛、失眠、食欲不振、脾氣暴躁、焦躁不安、注意力不集中、頭腦遲緩等反應，甚至對考試產生嚴重的恐懼感。這就是我們常說的「考前焦慮」。

　　心理學研究顯示，考前適度的焦慮有助於發揮考生的心理潛能，但過度的焦慮則會抑制大腦，不利於考生複習的臨場發揮。因此，同學們應該如何調整考前心理狀態，在此對大家提出以下的建議：

（1）客觀估計，正確定位

　　同學們對自己的應試能力須有正確、客觀的估計，從實際出發，確定適當的考試目標和期望值，給自己一個正確的定位，切忌好高騖遠和盲目與人攀比。

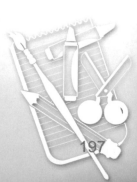

（2）優化情緒，增強自信

同學們考前會遇到很多壓力和挫折，情緒出現波動是正常的，但你要有意識地加以控制，並及時調整，盡量使自己處於心平氣和、情緒飽滿的狀態。一般的做法是透過積極的自我想像，體驗過去的成功經驗，以喚起自己的良好情緒，同時要學會放鬆，在出現緊張情緒時，採取深呼吸的方法慢慢呼氣、吸氣，同時放鬆全身肌肉。持續做3～5分鐘的練習，也能緩解緊張情緒。同學們可以在臨考前，特別是在最後幾天，每天默念幾遍「我一定能考好」、「我一定能成功」等具有積極自我暗示作用的話語，來增強自信心。另外，考前幾天，爲了保持狀態，每天還要做適量的練習，但不要再做難題了，做難題有時會挫傷自己的自信心。

（3）注重過程，淡化結果

引起同學們緊張的一個重要原因是諸如考不好不能進知名大學、無法向父母交待等無端的擔憂，這種擔憂不僅於事無補，反而影響平時的複習和臨場的發揮。因此，在臨近考試時，你要做到過程和結果分離，即你只要注重平時的複習，努力提高自身知識水準就行了，至於考試結果則不要過多地考

慮，不斷提醒自己「只要自己盡力就行了」。

（4）認真複習，合理安排

紮實的基礎知識是取得好成績的保證。因此，同學們要在考前制定一套系統全面的複習計畫，合理安排複習時間。在自己相對薄弱的科目上安排時間多一點，在自己強項的功課上時間安排少一點。考前每天都要做一定的練習，但強度不要太大，主要是爲了保持狀態。習慣開夜車的同學，應從考前一週開始，將晚上睡眠和早晨起床時間慢慢提前，每天提前約半小時，以使大腦的興奮點與學測時間同步，即在上午9～11點，下午3～5點達到最佳的情緒狀態。

（5）科學用腦，注重效率

許多同學考前複習可謂分秒必爭，規定自己每天必須複習多久時間，大搞「時間戰」、「題海戰」，這樣往往使大腦處於持續的緊張狀態，反而不利於所學知識的系統化、條理化。因此，同學們在複習時要集中精力，注重效率，講究方法，在大腦疲勞時要及時休息、及時調整。

（6）睡眠充足，勞逸結合

考試前夕的休息十分重要，切莫以犧牲睡眠時間去複習，這是得不償失的，但也不要過分注重睡眠的重要性，萬一你晚上睡不好，要以平常心對待，順其自然，不去多想，更不要輕易服用安眠類藥物。另外，在學業之餘，可進行其他活動加以調適，做到勞逸結合。可以做適當的運動，如散步、慢跑等。也可以聽聽節奏舒緩的輕音樂，這都有助於緩解緊張的情緒。

（7）做好準備，從容上場

考前最好自己準備考試所需的文具、證件，還要根據天氣情況，準備好雨具等。在考試前一天最好到考場瞭解一下情況，熟悉一下考場的環境，並對從住處到考場的行車路線和所需時間做一些必要的估計（包括塞車等一些客觀原因），做好心理準備。

6 考場心理戰術

一位考上台大的考生說：「在努力後，就到了收穫的日子了。這就是學測。」在學測的考場上，什麼事都不想要，只想著這一道道考題都是自己辛苦種下的果樹所結出的果實，自己要做的只是盡所能多採摘一些。碰到不會做的題目也不要緊，就把它當成一顆爛掉的果實，不要算了，把那些能夠摘到的果實拿到了就是勝利。最重要的是，不可大意，要保證所有能拿的分都拿到手。現在的學測考題普遍很簡單，但不能因為簡單就輕視它們，一丁點輕視往往會讓你後悔莫及。引用一句時髦的話就是要「從戰略上輕視題目，從戰術上重視題目」。

（1）正確看待考試焦慮

同學們在考場中出現考試焦慮現象，有些緊張、有些不安、有些著急是難以避免的。輕度考試焦慮在某種意義上還會促進考生發揮自己的心理潛力。考生在考試中存在輕度的

考試焦慮是相當普遍的。可是有很多同學把自己存在的輕度考試焦慮看得很重，誤認為緊張情緒會對考試產生嚴重的影響。卻不知其他同學也大多存在像你一樣程度的考試焦慮。誰過分看重考試焦慮，誰就會受到影響。因此同學們一定不要把自己存在的輕度考試焦慮想得太多，看得太重。

（2）保持良好情緒

怎樣做才能保持良好的情緒呢？第一，心平氣和；第二，精神飽滿；第三，要學會控制自己的情緒。考生在考場中情緒一時有所波動在所難免。但你一定要有較好的情緒控制能力，及時調整情緒，把不穩定情緒調整為穩定情緒。

（3）以平常心對待學測

無論在考前和考試中，考生都要以平常心看待學測，心情自然穩定。在學測時對自己不要有太高的要求，就像平常考試一樣，這樣就不會緊張了。

（4）積極的自我想像

積極的自我想像能喚起人的良好情緒。考生在考試中遇到

一些困難和挫折，可能產生消極、不安的情緒。你可以根據自己的情況和過去自己的成功經驗，選擇積極自我想像的內容，煥發良好的情緒。

（5）考試中突然慌亂怎麼辦

學測是高強度腦力活動，腦力、體力消耗也很大，所以在考試過程中容易出現機能性障礙，我們常稱這些障礙爲「考場病態」。

考前的知識儲備和身心調整越充分，發生考場病態的可能性就越小。全力以赴地備考，建立系統化的知識結構消除緊張焦慮，保持良好的睡眠、營養、供氧，便不會出現考場病態。在考場上若出現考場病態，則應採取一些調控技術消除考場病態的影響。

考試中突然出現慌亂的原因很多，有人因爲遇到難題而頭腦發漲，心理慌亂；有人因原子筆壞了，突然慌亂不知如何是好；有人的頭腦裡突然冒出「我要失敗了」或「千萬別遇到難題」之類的念頭而突然慌亂起來等。大都是以過分緊張和焦慮的心理爲內因和基礎，以外部刺激爲誘因，根據這

個情況，可以採取以下的應急措施：

第一種方法是放鬆。暫停作答，雙眼閉起來輕輕對自己說「放鬆」，重複六次，並注意體驗全身鬆弛的感覺；也可以全身高度繃緊十秒鐘，然後突然放鬆。

第二種方法是深呼吸。調適呼吸，在吸氣時綿長、緩慢、深沉，呼吸時也應達到同樣要求。

第三種方法是思路中斷。你可以果斷對自己說「停」，同時握緊一下拳頭，這樣能中斷使你產生慌亂的思路，當然自覺情況好轉後，應該迅速進行正常考試。

7 學測之後的心理調適

　　學測之後到分數公佈這段時間，大部分同學的心裡還是忐忑不安。對同學們來說，學測是一次心理應激過程，即使是心理素質好的同學，也會出現不同程度的心理症狀，如緊張、憂慮、懊悔等，這會影響到人體的免疫功能，如果不注意調整，就會出現各類疾病。每年在學測分數公佈之後都會有部分的同學因爲考得不理想，或是因本身的期望值過高而背上心理包袱，出現心情煩躁、情緒低落的現象，尤其是面對家人或社會上的議論更是煩惱到了極點，甚至產生消極厭世的念頭。因此，在學測分數公佈之前，同學們要提前調整好心態，以平常心來迎接分數的到來。

　　調整心態的方式是快速恢復生活規律，積極參加一些旅遊和其他有創意的活動，迅速將注意力轉移到新的活動上來。以下「三要」希望同學們一定得把握住喲！

（1）要有分數不理想的心理準備

參加學測的人都想順利的考上理想大學，但事實上不可能人人如願，所以要有良好的面對分數的心理準備。心理壓力對不同的人來說，有著很大的差異，同樣的挫折，為何有的人感到壓力大，有的人無所謂；有的人持續時間長，有的人很快就復原，其中很重要的原因就是事前要有心理準備。

（2）要想好今後前進的目標

　　能進入自己心目中理想的大學深造，確實是件令人高興的事，但如果無法進入自己心目中的理想大學，那是一種緣分的錯過，雖然有些遺憾，但並不值得你為此而錯過別的大學。因為一般的學校也能夠學到不凡的本領；即使進不了大學，也要保持冷靜的頭腦和穩定的情緒，可根據個人的能力、特長、興趣、愛好及家庭情況，做今後的打算。如成績較好、家庭經濟條件允許的話，可以選擇再重考，來年很可能成為遲開的「花朵」；也可以先工作將來再參加學測；或拜師學藝、從事經商……

（3）要把握宣洩情緒的方法

　　落榜者的心理壓力是由情緒緊張波動造成的，而恰當的宣

洩有緩解精神壓力的功效。落榜的同學可以找親朋好友傾吐自己心中的煩惱，或痛哭一場，或透過寫日記、大聲朗讀、大聲唱歌、聽音樂等等，以此來宣洩心中的苦悶。從心理學角度而言，剛走出考場的考生們還沉浸在一種「應激狀態」之中，其身心負荷較重，此刻僅採取蒙頭大睡或加倍補充營養的「消極休息」是遠遠不夠的，注重精神調適的「積極休息」才是良方。如果家庭條件允許，可以出去旅遊，融入大自然之中，在綠水青山中增長見識，徹底地放鬆自我。也可自發地組織起來，或進行社會調查，或參與能力所及的臨時工作，亦可前往人才市場瞭解當今社會對各類人才的需求，避免日後學業的盲目性。

總之，人生在世，出現逆境是常有的事，世上不如意事也是十之八九，但逆境不等於絕境，所以也用不著垂頭喪氣，應重整旗鼓，以堅強的意志和信心走向新的人生旅途。

8 正確對待學測結果

隨著學測放榜，同學們懸著良久的心終於可以放下了，但同時也面臨「幾家歡喜幾家愁」的結果。當一些考生歡天喜地時，考得不如意的或者落榜考生也不必灰心，因為你並不孤獨，你依然有自己的路要走。

（1）正確評價自己，有意識地控制自己的情緒

學測失利後，如果不能以正確的態度來對待，部分同學的情緒會非常的差。對此，同學們應有意識地控制心理活動，調整自己的情緒。如盡量接觸一些新事物，不去思考考試及其結果。將自己的生活重新規劃，建立一個新的生活模式和規律。同時，積極與父母進行溝通，讓父母參與自己的心理調試。總之，身處挫折中，不要成為不良情緒的奴隸，要善用意志控制自己向積極的方向思考。相信「太陽每天都會升起」，也許明天會有奇蹟出現。

（2）積極暗示

學測剛放榜，難免有一部分同學會名落孫山，心理進而承受極大的壓力和痛苦，部分同學有可能表現出否定自己、對生活失去信心、自怨自艾，甚至走向極端自我封閉等心理症狀，並從此一蹶不振。但是倘若你總是貶低自己，罵自己無能，再看看鏡子中自己的憔悴面容，會越發地責備自己。這主要是由於目前的學測幾乎是檢測高中生能否跨進大學門檻的唯一標準，所以有一部分考生把考場上的競爭看作人生競爭的全部，認為榜上無名就代表自己素質低、沒實力，不可能在以後的工作和生活中有什麼建樹，進而產生自卑和失落情緒，甚至會自暴自棄，一蹶不振。

實際上，學測只涉及到對人的部分能力和素質的測試，並不能代表被試測對象的全部。所以，同學們沒有必要以學測的得失推論自己將來是否有成就，更不能因落榜而否定自己。而應把學測看作人生道路上的一次考驗，一次對自己智商和情商的考驗，從中學會面對失敗的勇氣和再戰的信心。獲取知識的途徑不僅僅在大學課堂上，學測也不是唯一的通途。

因此，應該放鬆、微笑，勇於承認現狀，每天睜開雙眼

就對自己說：「我今天的心情很不錯。」還可以把「勝人者智，自勝者強」等能激勵自己的話貼在醒目的位置，使自己振作起來。考生只要在今後的人生道路中刻苦努力，同樣可以表現出色。相反，如果終日在痛苦、追悔中意志消沉，只會讓父母更加擔心，增加溝通的難度，造成惡性循環。

「條條大路通羅馬」，只要端正自己的心態，主動出擊，尋找適合自己的發展方向，人生的道路就會「多姿多彩」。

（3）積極且有意識地轉移注意力

考試成績不理想是考生產生心理情緒異常的主要誘因。考生投入了大量的時間、精力，但是對學測的期望卻無法如期實現，這使得考生懊惱又沮喪。因此，考生家長應有意識地讓孩子轉移目標。如當孩子發呆時，家長可找出一個與考試無關，而孩子又感興趣的話題與之聊天。考生自己也可有意識地轉移目標，如找一部自己喜愛的小說閱讀，或進行戶外活動，如釣魚、打球等，還可以找知心好友談談心等等。

（4）改變生活環境，遠離原有的生活空間

可以離開原有的生活環境，如到親朋好友家去玩幾週，或

出國旅遊度假。從心理學角度來說，人一旦脫離原有的生活環境，那麼原來由生活環境所支配的生活規律和模式，以及個人的思維定式就失去載體，而發生一些突變。這對調適心理情緒是非常有效的。

（5）重新為自己選定學業、生活目標

重考，再刻苦一年，也難保不會實現夢想，考上理想的大學。不少落榜生由於考試失常，與大學失之交臂，但他們不甘於放棄，紛紛選擇重考。他們相信只要再努力一年，就能走進理想的校園。

畢竟大學不是人人都能進的。早點工作不僅能擺脫學測落榜的陰影，更能幫家裡減輕經濟負擔。學業，不一定只能在學校裡完成，社會也是一個學業的大環境。只要用心地走自己的路，不一定比考上大學的同學表現得差。

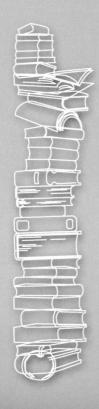

第五章 學測奪榜術

機遇總是降臨在時刻做好準備的人的身上。

——巴斯德

Ⅰ 調整好你的飲食

有營養專家指出：中小學生的膳食營養應向奧運健兒學習；尤其面臨重大考試時更要牢記「膳食均衡，成功一半」。

1、在飲食上存在的盲點

正在成長時期的同學們，考試期間也不能忽視飲食的選擇與營養。部分同學在考試期間飲食選擇上容易出現的盲點主要有：

（1）憑個人嗜好隨意進食，而不能按照平衡膳食的要求去做。

（2）盲目服用各種「營養品、保健品」，影響自身的食欲，或造成肥胖。

（3）飲食不規律，作息時間混亂，營養不均衡，不能提供學業與考試期間的高強度腦力活動的營養需要。

2、考生不宜吃的食物

　　足夠的營養不等於吃得多和吃得好，而是要吃得均衡。考前20天，不宜進食較油膩和糖類食物，比如豬肉、油炸類食物等，因為這類食物的消化過程較長，容易使人感到疲勞，產生昏睡感；其次，飲用飲料需適量，尤其是功能性飲料，因為飲料中不僅含有高糖，還含有各種添加劑，容易引起身體各種不良的反應。

3、複習應考期間應多吃的四類菜

　　學測期間，正值夏季，在氣候炎熱的環境下，人們出汗多，不但損耗大量體液，還消耗體內各種營養物質，尤其是無機鹽類，如不及時補充，會發生體液失調，代謝紊亂；同時，天熱影響脾胃，減少胃液分泌，降低了消化能力，加上睡眠不足，損耗津液，進而大大地降低了食欲。因此，在飲食上應以清補、健脾、祛暑化濕為原則，這樣就可以補充機體的消耗，提高學習效率。多吃下列四類蔬菜，對人體健康大有好處。

（1）多吃含水量多的瓜類蔬菜

夏季氣溫高，人體流失的水分比其他季節要多，需要及時補充水分。冬瓜含水量居眾菜之冠，高達96%，其次是黃瓜、絲瓜、佛手瓜，南瓜、苦瓜、西瓜等。也就是說，吃了500克的瓜類蔬菜，就等於喝了450毫升高品質的水。

（2）多吃清熱去濕的涼性蔬菜

　　夏季對人體影響最重要的因素是暑濕之毒。暑濕侵入人體後會導致毛孔張開，過多出汗，造成氣虛，還會引起脾胃功能失調，食物消化不良。吃些涼性蔬菜，有利於生津止渴，除煩解暑，清熱瀉火，排毒通便。

（3）多吃解火排毒苦味蔬菜

　　科學研究發現，苦味食物中含有氨基酸、維生素、生物鹼、酶類、微量元素等，具有抗菌消炎、解熱去暑、提神醒腦、消除疲勞等多種醫療、保健功能。現代營養學家認為，苦味食品可促進胃酸的分泌，增加胃酸濃度，進而促進食欲。

（4）多吃抗炎殺菌的蔬菜

　　夏季氣溫高，病原菌滋生蔓延快，是人類疾病尤其是腸道傳染病好發季節。這時多吃些「殺菌」蔬菜，可預防疾病。這類蔬菜包括：大蒜、洋蔥、韭菜、大蔥、香蔥、青蒜、蒜苗

等。這些蔥、蒜類蔬菜對各種球菌、桿菌、眞菌、病毒有消滅和抑制作用。

4、考生飲食配方

考生一日三餐的膳食安排，應以「早吃好、午吃飽、晚吃少」爲主要原則。

學測前幾天以及學測期間，考生在飲食方面要規律，不要吃不乾淨的東西。特別要注意的是，學測前一晚可以多喝水，但考試當天要少喝水，以免考試時想上廁所。

（1）早餐要吃好

考試當天，要在考前45分鐘吃完早餐。如果是離考場比較遠，考生一定要注意乘車前不要吃太多東西，一路顛簸容易發生暈車、噁心等狀況。另外，早餐也不要吃不易消化的食物，如糯米、粽子、油條，而應該選擇吃粥類和一個雞蛋。 優質的早餐宜三搭配，即乾（如麵包、饅頭、包子）稀（如豆漿、牛奶、稀飯）搭配，優質蛋白質（如豆類、奶類、蛋類）與澱粉食物（如純穀類食品）搭配，酸（如穀類）鹼（如水果、蔬菜、奶類）搭配。避免含高飽和脂肪的早餐食物。

（2）午餐要吃飽

午餐要吃飽是指飯量和肉、菜量要夠。學生的用腦時間較多，足量的蔬菜、水果和適量的肉、魚等優質蛋白質食物是必要的。夏季可以多吃瓜類，如黃瓜、苦瓜等，能達到消暑、防病的效果。

（3）晚餐要吃少

可能的話，盡量在家裡吃晚餐。晚餐要清淡，以七、八分飽為宜，因為晚餐後能量消耗較少。乾飯或小米粥等可作為主食，副食以魚類和豆製品為主，少量的去皮肉，蔬菜至少半斤。

另外，三餐之間可以加吃水果，如西瓜、香蕉等；飲料方面可選擇柳橙汁、蘋果汁、檸檬汁、番茄汁、葡萄汁、鳳梨汁等，特別是新鮮的原汁，更富含多種維生素、糖類以及礦物質。由於天熱，不要喝過多冷飲，以免造成胃腸消化吸收功能紊亂。其他如汽水、冰水等，也應少飲，以免影響食欲。

學測這些天還要特別注意飲食衛生，生吃瓜果要用開水燙過或消毒；做涼拌菜時，醬汁中應加醋和蒜泥，既可殺菌又能增進食欲。

2 調整自己的生理時鐘

　　考前半個月，大多數學校都讓考生在家自由複習了。在
自由複習階段，不少同學往往喜歡在深夜複習，然後白天休
息，但是這和學測考試的時間完全相反。因此必須要調整過
來，以使自己適應學測考試時間，以一種最佳的精神和旺盛
的精力以及敏捷的思維來迎接學測。

（1）制定一個作息時間表

　　同學們在自我備考時期，要根據自己的情況，制定一個
作息時間表，有條不紊地複習、休息、娛樂、運動，保持良
好的生物節律。不要徹底休息，也不要「開夜車」。上午複
習、下午複習的功課要與學測考試的科目相對應，並且盡量
按照學測的考試時間來安排自己做模擬試題的科目。每天晚
上睡前半小時，把當天複習功課的知識點，在頭腦裡掃過一
遍，每天早上起床後半小時，把前一天複習的要點在頭腦中
再掃過一遍。

（2）把生理時鐘調到最佳狀態

　　學測的時間是上午9：20～11：20，下午1：00～5：00，而一些同學在這段時間的生理時鐘正處於低潮狀態，所以，有不少考生反映明明在家做模擬考題時思維敏捷，作答正確率較高，可是在考場上卻會因缺少興奮點而昏昏欲睡，這就是所謂的「場上昏」。人體生理時鐘處於低潮是「場上昏」的一個很重要原因。所以，建議同學們在家自由複習時，盡量調整原有的生理時鐘規律，讓自己的興奮點在每天的9：20～11：20和下午1：00～5：00達到高峰，進而使自己的狀態就像黃金頻道一樣，一到這個時段，狀態自然顯現。

（3）考試前一天晚上，一定要按照平時的作息習慣進行

　　有些同學可能認爲明天要考試了，今天晚上要早一點睡，好讓明天保持一個好的應試狀態。但這樣做會適得其反，因爲打亂了生理時鐘，身體機理往往會不適應，上床後遲遲不能入睡，而當懷疑自己失眠時就會更加緊張，而越緊張就越睡不著。當然也不能在考試前一天晚上「開夜車」，弄得身心疲憊，第二天也不會有好的狀態。所以一定要按照平時的作息習慣進行，放鬆心情，順其自然。

3 考前八項注意

　　儘管這八項注意看起來非常不起眼，但是不得不承認，每年學測都有因此而影響自己成績的考生。

（1）熟悉考場

　　考前考生要熟悉考場學校地址、環境及考場情況，確定去考場學校的方式、行車路線。進入考場後，要按照指定座位入座，將准考證放在桌上以便監考人員核對。

（2）考試時間

　　考生要於考試開始鈴響，即可進入考場。考試開始20分鐘後，考生不得進入考場並開始作答。考試開始60分鐘後方可交卷離開考場。

（3）帶齊證件

考生每科考試都要攜帶准考證、原子筆（藍色或黑色）、2B鉛筆、橡皮擦、直尺、圓規等考試用品參加考試。

（4）准考證遺失補辦方法

考生的准考證遺失了，應於考試當日攜帶考生身分證及二吋照片一張向各考（分）區試務辦公室申請補發。

（5）拿到試卷要檢查

考生作答前，首先要檢查試題本及答案卷、卡之科目是否正確，內容有無齊備完整。答案卷卡之准考證號碼與准考證、座位標示單之號碼是否相符。答案卷之卷面及條碼有無污損，答案卡有無污損或折毀等，如發現有上述情況，應立即向監考人員報告。

（6）選用2B鉛筆

考生必須使用黑色2B軟心鉛筆畫記，辨別2B鉛筆真假主要有四種方式：一是正規優質的鉛筆，它的筆芯一定在中間，而劣質筆的筆芯則在側邊；二是2B鉛筆的筆芯直徑應在2.4毫米左右，相差太遠的肯定是假冒產品；三是正規優質的鉛筆斷面平整，漆面光潔光亮，印字清晰，材質發紅，色彩均勻充分；四

是2B鉛筆木頭是經過紅顏料浸泡的，從筆頭到裡面都應該是紅色的，而許多假筆從筆頭看是紅色的，掰開後裡面是白色的。

（7）考試用筆的顏色要求

考生在答案卷上作答時，必須使用黑色或藍色之原子筆、鋼珠筆、中性筆等，禁止使用其他顏色的筆及鉛筆作答。要在作答區域內作答，並應標明題號。

（8）修改禁用修正液或修正帶

學測考生作答時如需對答案進行修改，禁止使用修正液或修正帶。

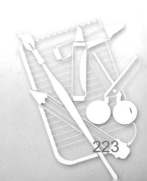

4 各科目作答技巧

　　學測目標是透過各類具體試題的題型來實現的。複習中須掌握各類題型審題、解題的基本要求和方法,掌握正確的解題思路和技巧。

(1)國文:作答技巧主要在作文上

　　「精彩題目一半文」,標題最重要,起個漂亮的標題,能吸引閱卷老師,印象分會較高。另外,作文本身要有內涵。考生寫文章時一定要寫得貼近生活,憑空想像、脫離實際的作文是得不了高分的。

(2)數學:計算題、證明題要把步驟寫全

　　計算題、證明題要盡量把步驟寫齊,這樣容易得分,比如:求直線和平面所形成的角,一般步驟是先在圖上畫出這個角,然後證明這是直線和平面所形成的角,最後再進行計算,

跳過中間任何步驟都會扣分。另外，後面的大題一般第一題較簡單，應先把第一題做完，如第2或第3題較難，也不要空白，盡量把可以求到的相關資料寫上去，或許可以得分。

（3）英文：改錯題中要正確標注符號

改錯題中，插入、刪除等符號必須按照規範來標注。如插入符號「＿」應該標在右下角，不能標在右上角。

同時，答案也要書寫規範，否則不能給分。書面表達書寫要清楚，常用詞千萬不能寫錯，文法錯誤要盡量少犯。如果學生基本功較差，盡量用簡單句寫，用自己最有把握的句子，書寫盡量少塗改，有時間最好打草稿。

（4）歷史：資料題以資料中有效資訊為主

作答要結合所學知識聯繫教材，文字要簡練、完整，回答問題時要看相關資料，看分數回答要點。另外還要注意題目提出的要求，如讓你「依據資料」，就是說這個題目答案可從資料中提取，同時要結合課本中的觀點或者看法。對於主觀題，考生要在落筆前稍作思考，把最重要的寫在前面，次要的寫在後面，自己不確定的放在最後。關鍵字一定要用

專業術語，如「羅斯福新政」不能寫成「羅斯福改革」。

（5）三民主義：答主觀題先要進行理論概括

理論概括後要緊扣題意對理論進行闡述，重要理論在前，有關的理論點到為止。試卷所用的原理一般不會重複，有時會有交叉，考生如覺得兩個題目所用的理論相同，應考慮一下自己思路是否正確。有些題目給的資料中有幾句話，中間用分號隔開，這可能是一種信號，一句話就可能是一個作答要點。考生作答要簡明扼要，語言要有時代氣息，如可巧妙運用「執政為民」、「和諧社會」等詞。

（6）生物：填充要看清題目不能答非所問

主觀題分填充題和簡答題兩部分。填充題時要看清題目，如有的學生會把「微生物代謝調適的特點」，答成調適的方法。另外，概念書寫注意正確規範，從歷屆的試卷看，有的考生多寫了反而被扣了分。另外少寫錯別字，有學生把顯色反映中呈現出的「磚紅色」寫成「紅色」就不能計分；一些化學試劑名稱寫錯也不能計分。簡作答要用書面規範的語言。表述現象的時候要描述出現象背後的原理，這樣會容易得分。

（7）物理：計算題要注重計算過程

選擇題按歷屆評分標準，少選會給相對分數，但多選不給分，因此考生實在沒把握時對某一選項可乾脆放棄，只選能確定的，這樣較保險。主觀題主要是計算題和實驗題。計算題要把原始運算式用正確符號書寫出來，要寫明代入資料的過程，最好將整個思維過程書寫出來。如計算題最後答案正確，但沒有過程，按歷屆標準此題不計分；如有計算過程，答案不正確，也能相對得分。因此做計算題既要注意結果，更要注重計算過程。實驗題步驟應該寫完整，盡量少塗改。

（8）地理：對地圖的測試始終是重點

對地圖的測試始終是重點，試卷中讀圖分析題量重，考生審圖後應選中相關內容，結合書本再根據自己理解作答，地理術語要運用正確。考試中要特別注意題目的要求。比如按歷屆的閱卷標準，雙選題每題3分，只選一個答案，如正確得1分；選兩個答案，若其中一個錯誤，該題不得分。

（9）化學：方程式一定要寫正確

實驗設計方案或設計表述等，要把現象、依據、結論等都寫明。有機物結構解釋經常容易出錯，扣分較多，因此在書寫時尤其要注意，如縱向化學鍵應與相連的碳原子、氧原子對齊；而橫向原子團表達也有要求。另外，計算題中書寫化學方程式時，應注意化學式下標數字一定要寫正確。

5 作答時應注意的十件事情

（1）不要一心想「考滿分」

特別是對平時成績中等上下的同學來說，一心想「考滿分」是大忌。當然，應該得的分數一定要得，該放棄的也要勇於放棄。如果有時間再做暫時放棄的題。

（2）試卷到手後首先做好各項檢查

要按照考試要求，認真地檢查准考證號碼等相關內容。傾聽監考老師宣讀有關規則和注意事項，以免事後惹麻煩。

（3）作答前要綜覽考卷

作答前先用幾分鐘瀏覽一兩遍，做到胸有全局，發揮穩定情緒、增強信心的作用。

（4）認真審題，明確要求

作答前一定要高度集中注意力，快速、正確地從頭到尾認真看題目，一句一句地看。對不容易理解的或關鍵性的字句，要字斟句酌，反覆推敲。要做到：1.認真揣摩題意，明確題目要求；2.對容易的題要仔細考慮是否有迷惑因素。防止盲目輕敵；3.對難題、生題要注意冷靜分析題目本身所提供的條件和要求之間的關係，防止心情緊張造成思維障礙。審題時，一是不看錯題目，客觀正確地把握題意；二是分析要清楚，要善於將問題進行解剖，將那些比較複雜的綜合題分解成若干部分，找出已知條件和未知條件之間的關係；三是善於聯繫。在分析題目的基礎上，將題目所涉及到的各個知識點都聯繫起來，挖掘出盡可能多的潛在條件和知識之間的內在關聯。

（5）先易後難，增強自信心

要先做基本題，即填充題、選擇題，再做中等題，最後做綜合題；或者先做自己擅長的題目，最後再集中精力去做難題。

（6）作答時要避免兩種不良傾向

一是頭腦靜不下來，心神不定，不知從哪個題目做起，誤了時間；二是在某一題上花過多的時間，影響做其他題目。

（7）力求正確，防止欲速不達

對作答速度的追求，應該建立在保證正確性的基礎之上。如果對試題的要求、解答方式、解題步驟胸有成竹時，便可一氣呵成。

（8）卷面整潔，避免扣分

答案卷字跡工整，書寫規範、美觀，會引起閱卷老師愉悅感，增加評定的分數；反之，則會導致印象不好而扣分（特別是作文）。

（9）做完試題，分秒必爭

要做到會多少答多少，即使是沒有把握也要勇於寫，碰碰運氣也無妨。在標準化考試中，勇於猜測的考生有時也會取得較好的分數。

（10）認真檢查，把好最後一關

要檢查試卷要求、檢查作答思路、檢查解題步驟、檢查作答結果，千萬不要提前交卷。

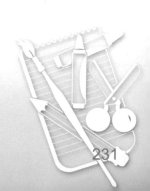

6 盡量避免不必要的錯誤

　　想考滿分，不出一點差錯，是很難做到的；但是要盡量減少出差錯，這是絕對可以透過努力達到的。

（1）一個容易忽略的啟示

　　原來的翻炒廠都是人工作業，當工人們抬著鋼鍋將通紅的鐵水倒進一個個模具時，都是十分緊張的。然而，在這樣危險、困難的作業中，卻很少會發生燒傷等事故，但是在清掃爐膛或加煤塊的簡單工作中，卻會發生一系列嚴重的燙傷等意外事故。這看起來是令人驚訝的事實，實際上它說明，所謂的粗心大意並不是由於精神緊張或感到困難時才發生的，而是在精神鬆懈的單純工作下才產生的。

（2）不管是難題還是簡單題，都不要放鬆警惕

　　考試時經常會發生這樣的情景。在好不容易解答了一個難

題而鬆了一口氣時，卻把應該寫的答案寫錯了。雖然在考試時一直維持緊張的心情是不對的，但是如果放鬆了自己，粗心大意，在原來不該出錯的地方出錯，那就後悔莫及了。

　　為了防止這種錯誤，應該自始至終都保持鎮定的心情，尤其是在考試時，不要因為自己會做而樂昏了頭，也不要因為不會而耿耿於懷。總而言之，就是要避免感情用事，要認為作答時是最重要的時刻，一題一題仔細地確認，必能發現寫錯的字或遺漏的字，等到錄取時，看到自己的名字名列前茅再高興也不遲。

（3）瑣碎的小事更要提高警惕

　　學測像一項精密的工程，每一個細小的環節都不容疏忽。我們當然不能讓被遺忘的准考證、寫不出字來的筆毀了自己的好心情。一隻準時、小巧的手錶總比考場牆上的大鐘好。你是否有檢查拿到的答案卷、卡有沒有問題的習慣？當你耐心地塗答案卡時，請小心保持它的平整，看清題目的序號再下筆。如果你有考試中途喝水的習慣，千萬將水瓶蓋擰好放在地上，不要讓失手打翻的水毀了你的整張答案卷、卡。以前，有不少同學習慣將選擇題答案寫在試卷上，做完

整張試卷後再塗答案卡，但這種做法往往不是那麼保險，因爲你根本不知道你是否還會有時間塗，萬一塗到最後你發現多了或者少了一個空格，怎麼判斷多填和漏填的那一項是從何處開始呢？而這個時候，時間往往已經所剩無幾了！所以，最好還是做一道題塗一道題最爲保險！

7 合理分配作答時間

考試從某種程度上說是在搶時間，尤其像學測這種全國性的考試，更是對時間的要求非常嚴格。對大多數考生來說，不是不會作答而是時間不夠。因此如何合理分配作答時間就是一個非常重要的問題。一般來說，作答時間的分佈和試題的分數值是一致的，即試題的分數越高，難度也越大，作答的時間也應該越長。在依據這個原則的前提下，還有以下幾個注意事項：

作答前應先檢查試卷、准考證號碼等內容，並仔細閱讀作答要求和提示，務必把題設條件看清楚後再動筆。有些考生為了圖快，還沒有理解題意，弄清條件，就急於作答，結果進入死胡同，白白浪費了不少時間。

按照先易後難的原則作答，把最沒把握的和暫時不會做的題目放到最後時間裡去做，該放棄的題目就要放棄。學測是全國性的考試，題目有一定的難度，對此考生要有心理準

備，千萬不要因為一兩道選擇題做不出來就亂了方寸，一些平時成績較好的考生更要有這方面的心理準備。一般來說，如果一道選擇題做了五、六分鐘還沒有思路的話，就應該放棄。最後的兩三道題目一般難度較大，這就需要有所選擇，揚長避短，先做自己熟悉的，將有限的時間用來「得分」，難題則能做多少算多少，爭取將其中較容易的「得分」拿到手。

做選擇題時要立即塗答案卡，做一題，塗一題，不要錯位，防止最後一兩道題冥思苦想而忘了時間，到考試結束時再想塗就沒有時間了。

不與他人比交卷的時間，做完所有題目後盡可能地將整個試卷再仔細檢查一遍，特別是對那些沒把握的答案再推敲一下。一般來說，寧願最後一個交卷，也不要匆忙交卷。

8 考場應急策略

　　雖然已經做了充分的準備，但在學測幾天中，難免會出現一些意外，有一些是客觀因素造成的，有一些是主觀因素造成的。但不管怎麼樣，一旦出現意外時，同學們千萬不要緊張。以下是考場上可能遇到的七種意外情況及相對的應急策略：

（1）試卷有誤的處理辦法

　　認真、仔細瀏覽考卷，若發現試卷有重印、漏印或字跡不清現象，應立即向監考老師報告，及時調換清晰、完整的試卷。

（2）怎樣按順序作答

　　命題者對題目的安排一般是先易後難，可以按順序作答。審題要仔細，心態要沉穩，千萬不要搶題。不要一看到

容易的題目立刻作答，也不要「跳題」。但碰到個別難題或繁瑣題則不應被纏住，而要考慮大局，保證作答的速率，等答完其他題目再回頭集中精力攻關。

答案要盡可能完整，要仔細辨析題幹。如用「原文」還是「自己的話」；用「分值」還是「幾分」，考國文一定要留出充分的時間來寫作文。一定要檢查試卷。

（3）作答要注意的細節

所有答案要盡可能用書面語言，除非答案中要求用口語。在英文考試塗答案卡時，由於所需塗的題數較多，考生一定要看仔細，不要漏題或填錯次序，發現後再修改就來不及了。

考前不要吃太刺激的食物，由於考生多少會有些緊張，容易引起腸胃不適。上午考試和下午考試之間的約4小時時間，如學生需要休息，千萬要記住時間。

（4）難題「困擾」的處理方法

在歷屆的學測中，總有部分考生被一些所謂的難題困擾，耽誤了過多時間影響到後面的作答。其實，遇到這樣的情況，

同學們可以果斷的先跳過某幾道難題，將所有會做的基礎題都解決以後，再返回看這些題目。此時基本分在握，心理狀態穩定，有利於解開難題。學測中，許多同學往往因為審題不清而找不到思路，建議遇到難題時，不妨仔細看幾遍題目，有些關鍵字甚至應該用筆圈出。

（5）缺少文具的解決方法

如帶的筆沒水了或原子筆書寫不暢，又缺少必須文具，考生不應離座，應請監考老師員幫助。忘記帶2B鉛筆、原子筆、橡皮擦、墊板，或所帶的筆寫不出來，數學考試忘記帶圓規和三角板等，都可向監考老師求助。

（6）考試期間生病的應急方案

考試期間生病可以說是最讓人無可奈何的，但如果你真的不幸碰到了這種事，還是要以保證身體的健康為原則。但如果能持續考試就盡量堅持，由於入學考試和有關專業的加試都不允許補考，遇到這種情況如能堅持，應盡最大努力參加。

（7）突然尿急怎麼辦

　　有的考生有「考場頻尿症」，影響作答思路的連貫。其實與情緒緊張有關，也與平時沒有養成良好習慣有關。

　　對策為：一是心態要放鬆；二是在最後幾天做模擬試卷時，訓練自己克服不良習慣，集中注意力達到持續2小時左右；三是在進入考場前的幾分鐘一定要去一趟洗手間。

國家圖書館出版品預行編目資料

學測必勝秘笈——高中生考場應對全攻略／陳光總主編.
第一版——臺北市：紅蕃薯文化出版；
紅螞蟻圖書發行, 2008.1
面； 公分. ——（資優學園；2）

ISBN 978-986-83862-2-8（平裝）

1.學習方法 2.考試指南 3.中等教育 4.升學考試
521.16　　　　　　　　　　　　　　96023033

資優學園 2

學測必勝秘笈——高中生考場應對全攻略

總 主 編／陳 光
美術構成／魏淑萍
校　　對／周英嬌、呂靜如、朱惠倩
發 行 人／賴秀珍
榮譽總監／張錦基
總 編 輯／何南輝
出　　版／紅蕃薯文化出版有限公司
發　　行／紅螞蟻圖書有限公司
地　　址／台北市內湖區舊宗路二段121巷28號4F
網　　站／www.e-redant.com
郵撥帳號／1604621-1　紅螞蟻圖書有限公司
電　　話／(02)2795-3656（代表號）
傳　　真／(02)2795-4100
港澳總經銷／和平圖書有限公司
地　　址／香港柴灣嘉業街12號百樂門大廈17F
電　　話／(852)2804-6687
新馬總經銷／諾文文化事業私人有限公司
新加坡／TEL:(65)6462-6141　FAX:(65)6469-4043
馬來西亞／TEL:(603)9179-6333　FAX:(603)9179-6060
法律顧問／許晏賓律師
印 刷 廠／鴻運彩色印刷有限公司
出版日期／2008年1月　第一版第一刷

定價250元　港幣83元

ISBN 978-986-83862-2-8　　　　　Printed in Taiwan